ねっ‐きょう：キャウ【熱狂】

《名》じっとしていられないほどに興奮し、熱中すること。

『精選版　日本国語大辞典』（小学館）

熱狂のデザイン

楽しく結果を出す
チームのつくり方

岸 昌史

CROSSMEDIA PUBLISHING

はじめに

熱狂の火種

最初に、多くのリーダーが持つ根本的な間違いを挙げます。

▽間違い　今の若い世代は、仕事に「熱さ」を求めていない

現代の若年層は、「出世欲がない」「仕事よりプライベート」「すぐに仕事を辞める」などと捉えられがちです。

しかしそれは、仕事に対する意識が低いことを意味しません。

若い人たちが拒絶するのは、古い世代の一方的な価値観の押し付けです。特にミレニアム世代やZ世代と呼ばれる人たちは、自己実現や社会貢献に対する欲求が強いといわれています。お金をもらうために働くのではなく、仕事に「意味」や「目的」を求めます。

「出世欲がない」のは、自分を押し殺して高い給与をもらうより、「自分らしさ」や「やりがい」を重視するからです。「仕事よりプライベート」なのは、仕事では自己実現を叶えられないからです。「すぐに仕事を辞める」のは、この会社で働く意味がな

いと思うからです。

彼ら彼女らは、熱くなれる対象を探しています。「若い人が何をやりたいのかわからない」と言っている人の何人が、「自分の働く理由」を明言できるでしょうか。「若い人には夢がない」と言っている人は、「自分の夢」を周囲に語っているでしょうか。

どんな人であっても、心の中に「熱狂」の火種を持っています。

自分が心から意義を感じてワクワクする目的を明確に持ち、それがチームの目的とも重なっている。日々、目標に向かって進んでいる実感を得ることができ、今この瞬間も楽しさとやりがいに満ちている。メンバーが信頼と共感で繋がり、いつも自分らしく、ありたい姿でいることができる。お互いに弱みを見せ合い、支え合える心理的安全な空間が広がっている。

そんな状態を想像してみてください。誰でも仕事に熱くなれるのではないでしょうか。

試合に〝出られない人〟の熱狂

私が通っていた関西学院大学はアメフトで有名で、「甲子園ボウル」と呼ばれる大学日本一を決める大会では、過去77回中33回優勝しています（２０２２年時点）。

中学生の頃からアメフトをしていた私は、大学でもアメフト部に入りました。私が2年生のときにチームは優勝。また、私が高校3年生のときの大学4年生も日本一になったチームで、彼らの多くは翌年大学5年生としてコーチをしてくれました。

日本一になったチームの共通点は、いくつかあります。チームで明確なビジョンを持ち、みんなが共有できていたこと。ビジョン実現のために、それぞれが自分の役割に没頭していたこと。メンバーの関係性が良く、お互いに助け合い、悪いところは指摘できていたこと。

コーチや上級生が、「優勝しろ」という目標を押し付けることはありませんでした。代わりに投げ掛けられていたのは、「お前はどんな人間になりたいのか？」という問いです。

それぞれが個人としてのありたい姿を明確に持ち、それを集約したものがチームのビジョンとして掲げられている。だからその実現のために、自身の役割に全力でコミットできます。共通の目的に向かってみんなが120％の力を出し合うことで、自然と関係性の質が高まります。

私が2年生のときのチームでは、同じポジションだけで10名以上の選手がいました。4年生1名、3年生2名が交代しながら試合に出る中で、私は4番手にいました。日々の練習は辛いし、試合に出ることもあれば出ないこともあります。すると、ついつい少しさぼりたくなる自分が出てきます。ビッグゲームの前には緊張で逃げ出したくなることもありました。

そんなとき私を奮い立たせてくれたのは、試合に出る機会はないけれど日々懸命に取り組む、4年生の先輩たちでした。

彼らは下級生を率いてレギュラーチームの練習台に徹します。練習台といっても、生半可なものではありません。ライバル校を徹底的に分析し、仮想敵チームとしてその動きを全力で再現します。自分の試合は月曜から土曜日。レギュラーが日曜の試合に勝てなければ、自分たちの責任だ」と、レギュラー以上にチームの目標達成にコミットしていました。

彼らは自分への厳しさと同時に、周りへの愛や優しさのある人たちでした。練習中にミスをすれば、周りから厳しく指摘されます。下級生がミスをすればその場でかばってくれるのはもちろん、次に同じミスが起こらないように、一緒に居残りや早朝練習をしてくれました。

対戦校の分析をしたり、練習メニューを考えたり、自分のトレーニングをしたりと、ただでさえ忙しい中です。それなのに、下級生の痛みやつらさに寄り添いつつ、後輩を信じて朝から晩まで成長を支援してくれる。

そういう姿を見るたび、「この人たちの夢を実現させたい。自分が試合に出たときに気の抜いた行動をしてしまえば、その夢を潰すことになる。そんなことは、絶対にしたくない」と、自分の中に熱が生まれます。

負ければ4年生は引退というライバル校との決戦では、試合前にチームで円陣を組んで"FIGHT ON"という、勝利を願う歌を歌います。グラウンドに飛び出す瞬間には、頬が熱くなるほど気持ちが昂《たか》ぶり、まだ試合が始まってもいないのに自然と涙があふれました。

4年生が見続けてきたビジョンがチーム全体のものとなり、メンバー全員の心を一つにまとめます。アメフトでは、大学日本一になったチームは社会人のナンバー1チームと「ライスボウル」という大会で対戦します（2022年より社会人のみの大会に変更）。このチームは、創部から唯一、社会人チームにも勝ってライスボウルでの優勝を果たしました。

「この人に付いていきたい」と思わせるリーダー

その後も私はアメフトを続け、4年生のときにはチームの年間MVPに選ばれ、日本代表からも誘いをいただきました。先輩たちとの出会いがなければ、この結果は生まれなかったと思います。

社会に出てからも、「熱狂」の経験を持つ私は熱量を持って仕事をやり切ることができました。卒業後は三井物産に入社し、人事や営業などさまざまな部署を経験したのちに、インドネシアでの新規事業をリードする仕事を担当します。当時同社ではインドネシアはリスクの高い国として反対意見が強かったのですが、現地の魅力を知った私は「この地でビジネスを広げることに大きな意義がある」と信じることができました。結果的に、4社の立ち上げに成功しました。

その後、ボストン コンサルティング グループというコンサルティングファームに入ります。1年目はまったく結果が出ませんでしたが、悩む私を救ってくれたのは、ここでも「熱狂」でした。「自分の苦手なことを埋めるのではなく、得意なところを伸ばす」。そう決めたときから結果が出始め、2年目にはコンサルタント全体の年間MVPに選んでいただきました。

こうした結果を出せたことの最大の要因は、やはり「リーダー」の存在です。

大学生時代と会社員になってから、私を奮い立たせてくれるリーダーはいつも、同じ感情を抱かせてくれる人でした。「この人の見ている夢を一緒に実現したい」「この人を誰よりも応援したい」「この人のために働きたい」。そう思わせてくれる人です。

そう言うと、ハードルが高いように感じるかもしれません。「自分だってそんなに仕事に熱くなれていない」というリーダーもいると思います。

しかし、誰もが必ず熱狂の火種を持っています。それなのになぜ、自分たちのチームは冷めているのか。

その理由が、冒頭に挙げた間違いを始めとした次の五つの間違いです。

強いチームづくりを妨げる五つの間違った考え

▽間違い❶今の若い世代は、仕事に「熱さ」を求めていない
▽間違い❷正しい戦略と正しいアクションがチームを強くする
▽間違い❸社会のニーズに応え続けることが、チームを強くする
▽間違い❹優秀な人が集まれば、強いチームになる
▽間違い❺人の行動を変えるには、仕組みから変えなければいけない

▽間違い❶今の若い世代は、仕事に「熱さ」を求めていない

現代の若い人の多くは、指示命令する「ボス」ではなく、自分の強みを理解し、伸ばしてくれる「コーチ」を求めます。仕事の価値や意義を伝え、メンバーの成長支援を通してチームの目標達成へと導くことができるリーダーです。

熱狂するチームは、まずメンバーとリーダーの間に「信頼」と「共感」が生まれることから始まります。その上で必要なのは、メンバーそれぞれが意義を感じられるチームの「共通目的」と、その達成に向けて自分が役立っているという「自己重要感」、それに「自律性」を持った働き方が尊重される「関係性」です。

これらの条件が揃えば、メンバーは仕事を自分事化し、自然と没頭できるようになります。**「楽しい仕事で結果を出す」という状況は、決して理想論ではなく、意図的につくり出すことができる**のです。

▽間違い❷正しい戦略と正しいアクションがチームを強くする

正しい戦略を掲げて正しく行動すれば、短期的には成果が上がるかもしれません。

しかし、それだけでは継続することはできません。

なぜなら、人間の脳には、「正しさ」という基準がないからです。あるのは「楽しい」かどうか。いくら合理的に「正しい」と理解しても、「楽しい」という感情がなければ、その取り組みを継続することはできません。

私たちは「懸命に働けば成功する、成功して初めて幸せが訪れる」と教えられてきました。しかし、最新のポジティブ心理学の研究では、**「人は楽しく、幸福感を覚えているときが最もパフォーマンスが高く、成果が出る」**ことがわかってきています。

つまり、幸せが中心にあり、成功はその周りを回っているのです。

アイデアやブランド、それを生み出す人材が競争力の源泉となる時代。組織や仕事に「楽しさ」がなければ、新たなアイデアを生み出し続けることはできません。

本当に好きなことは「止めたくても止められない」こと、嫌いなことは「始めたくても、始められない」ことです。好きなことでなければ、人の心は動きません。「努力」している人は、「熱中」している人にはかなわないのです。

▽間違い❸ 社会のニーズに応え続けることが、チームを強くする

SDGsやESG投資などの広まりもあり、企業の社会的価値への注目が高まっています。社会的価値を重視しない企業は、今後10年で淘汰《とうた》されるともいわれる時代。社会や世界が求めるニーズに対して、自分たちにできることを改めて考えている組織も多いかもしれません。

しかし、**チームに熱量がなければ、プロジェクトは必ず失敗します。**新たな取り組みに臨む上で、進めない理由やリスクはいくらでも存在し、多くの人は反対に合う中で動きを止めてしまいます。

突き抜けた成果を出すチームの第一条件は、そのチームを率いるリーダー自身が熱狂していることです。

熱狂とは、外部からの刺激によってではなく、内発的な動機から得られるものです。社会のニーズに向き合うことは大切ですが、消費者ニーズの分析レポートから熱狂は生まれません。

▽間違い❹ 優秀な人が集まれば、強いチームになる

良いメンバーがいなければ、強いチームをつくれない。成長企業においては特に、採用が最重要課題と考える組織も多いのではないでしょうか。

Googleの研究結果によると、**チームの成果に影響するのは、「誰がチームのメンバーであるか」よりも「チームがどのように協力しているか」**であり、ハイパフォーマンスチームに共通する因子の1位は心理的安全性、2位は相互信頼だといいます。

強いチームをつくり出す鍵は、「関係の質」を高めることです。優秀な人が組織の成長をドライブすることは否定しませんが、その人も関係性の悪い組織では定着せず、すぐに辞めてしまいます。ワクワクする目的と信頼できる仲間との関係がチームへの帰属意識を高め、チームのパフォーマンスを劇的に引き上げます。

▽間違い❺ 人の行動を変えるには、仕組みから変えなければいけない

組織の変革には、意思決定のフローやITシステム、人事制度など、組織運営の仕組みを変える必要性があると考えられることが多いでしょう。

しかし多くの企業では、仕組みを変えても望むような行動変化や成果に繋げられていません。なぜなら、その制度や仕組みを使う側の社員の意識を変えるアプローチが十分ではないからです。仕組みを変えても行動が変わらなければ、当然結果も変わりません。

組織を変える効果的なステップは、次の順番です。

①言葉（コミュニケーション）を変える
②人を変える（異動、成長支援）
③仕組みを変える

組織は人の行動の集合体です。人の意識は言語によりつくられます。人の行動を変えるには、言語を変え、意識を変える必要があります。

チームの共通目標が言語化されれば、その実現に向けて、部門異動や、今いる人の成長を支援するなど、人を変えるアプローチに取り組みます。

そうして、意識と行動を変え、人を変え、その変化が逆戻りしない、また加速するために必要な仕組みを整えます。

ここで挙げた五つの間違った考えについて、改めて捉えてみれば当然のことだと思われるのではないでしょうか。しかし、会社組織の中では、往々にして「当然」が形を変え、その会社の常識やルールになってしまいます。

まずはこのマインドセットを変えましょう。メンバーのエネルギーを邪魔するものを取り除き、正しい手順を踏めば、必ず「熱狂するチーム」が生まれます。

熱狂のデザイン
楽しく結果を出すチームのつくり方

Contents

Contents

02

意図的に自分を熱くする方法

Contents

Contents

03

人を巻き込むための「戦略」

Contents

04 熱狂の航海に出よう

Contents

ブックデザイン　別府拓（Q.design）
校正　加藤義廣（小柳商店）

01

楽しく結果を出す チームの条件

〝弱さ〟から生まれる熱狂

「足りない部分」に人の心が介在する

以前通っていたデザイン学校で、世界的なインテリアデザイナーによる、「日本のデザインとは何か？」という講義がありました。

そこで先生は、「日本のデザインとは〝弱さ〟と〝今〟をデザインするものである」と教えてくれました。

〝弱さ〟とは強さの大局にある概念ではなく、「儚《はかな》さ、脆《もろ》さ、微細性」といった、日本の美意識を表すものです。日本の茶道から生まれたとされる、「わび、さび」の概念も、「侘《わび》しい、寂しい」といった、何かが足りない状態に美を見出したものです。陶器でも、何かが欠けているからこそ余白が生まれ、そこに人の心が介在します。

20世紀は、〝弱さ〟を克服し、強い社会に向かった時代でした。経済優先、合理主義的効率化という資本主義社会の思想を土台に、欧米流のグローバリズムが浸透し、物質的な完璧さや絶対的な正解を求めていました。人もモノもサービスも、完璧でなければいけない。それを追い求めた結果、生きづらい世の中になったと感じる人も多いと思います。

人間は強い生き物ではありません。気まぐれで、傷つきやすく、脆いものです。むしろ人は、**自分の弱さを認め、それを補うために仲間と助け合う**ための能力に優れています。

ホモサピエンスよりもネアンデルタール人のほうが、身体能力も頭脳も優秀だったといわれます。それなのになぜ、ホモサピエンスだけが生き残ることができたのか。ホモサピエンスは一夫多妻ではないことや、身内での争いを好まなかったといった理由もありますが、2本の足で立ち、両手を使えることが大きかったそうです。作物を両手に持って、仲間のもとへ運ぶことができた。つまり、助け合うことができたわけです。

私たちは、集団で力を合わせることで困難を乗り越えてきた。**何かを他人に与えることによって、自分自身も多くを得ることができる。**これが人間の本質なのだと思います。

欠けている部分があるからこそ、人と人との心が繋がり合う余白が生まれる。そう考えると、グローバル化、競争社会、格差社会、分断を生み出した20世紀型の資本主義モデルからの移行期である現代において、日本が本来持つ美意識、文化や価値観、精神性が世界からより必要とされるはずです。

変わり続ける中での〝今〟に価値を見出す

欧米流のデザインは、元来、宗教との結び付きが強いといわれています。そのため、神の存在を伝えるというように、デザインを通して何かのメッセージを表現するというアプローチが一般的です。

一方で、**日本は〝今〟という考えを大切にしてきました。**

「古池《ふるいけ》や蛙《かわず》飛び込む水の音」

松尾芭蕉による、とても有名な俳句です。欧米流の思考では、「この俳句は何を伝えたいんだろう」となってしまいますが、日本的感覚ではこの俳句を読んでその意味を考えることはないでしょう。ただ〝今〟その瞬間の情景が美しく頭に浮かびます。

また、浮世絵も一つのメッセージを伝えるためのものではなく、〝今〟という時間を切り取り、その情景を描いています。

世界で初めて雨の存在を斜めの線で描いたのは、浮世絵だといわれています。次ページの作品では、急に雨が降ってきて人々が慌てているという、ただそれだけのシーンが描かれています。題材に意味やメッセージはありません。時代を経ても通ずる日常の気配が、見る人に概念を超えた豊かなイメージを与えます。

日本人が〝今〟を尊重してきたことには、私たちの祖先が自然の中に溶け込んで生きてきたこととも関係します。

昔の日本には、「自然」という言葉がありませんでした。「自然」が〝Nature〟の意味で使われるようになったのは、明治時代の終わり頃です。これは人の周辺にある木も草も川も山も当然の存在であり、総じて意味を定義する必要性がなかったからだと考えられます。

「大はしあたけの夕立」歌川広重

日本の建築は元々木造です。欧米のように、何百年と残る石造の建築はありませんでした。自然の移り変わりを前提とした世界の中で、不変的なものではなく、「変わり続ける中での今」に価値を見出したからだといわれています。

日本的思想を持ったチームだからこそできること

〝弱さ〟や〝今〟を尊重して培われてきた日本の文化は、20世紀にはそぐわなかったのかもしれません。しかし、今は時代の転換期です。

変化の激しい時代において その変化に一喜一憂するのではなく、過去でもなく、未来でもなく、自分の意識を〝今ここ〟に置く。これは、肉体的、精神的、そして社会的に全てが満たされた状態を目指す「ウェル・ビーイング」の考えとも共通します。

また、近年では、禅の概念をもとにした「マインドフルネス」という考えが広がり、GoogleやYahoo!など欧米の大企業も研修で取り入れています。「自然との調和」という点で、「サステナビリティ」の概念は、すでに世界中の企業が無視できなくなっています。

「心の豊かさとは?」「人間の真の幸福とは?」が問われる時代。幸せとは心の状態です。**未来でも過去でもなく、〝今〟をどう生きるのか**が、その人の心の状態をつくり上げます。

今、日本が古来大切にしてきた考え方や精神性、文化が世界に求められています。日本の経済成長の伸び悩みが叫ばれますが、人々の心豊かな暮らしの実現に向けて日本が世界に貢献できる伸びしろは、まだまだ大きいと言えます。

その体現が、「熱狂するチーム」だと私は思います。**熱狂とは強さから生まれるものではありません。熱狂は弱さから生まれるものです。**自分という弱い存在を、支え、助けてくれた人への「感謝」や、人の弱さを受け止め、慈しみ、寄り添い、支えようとする「愛情」が熱狂の火種になります。

優秀な人が集まればいいわけではなく、お互いに自分の長所を生かし、助け合う。売り上げや利益といった数値に示されることではなく、「今、心から楽しいこと」を追い求めた結果、生産性が上がる。

たとえ小さな一歩であったとしても、希望を与えるリーダーのもとで、希望にあふれたチームが生まれれば、会社全体、社会全体が変わっていくはずです。

「熱意あふれる社員5%」から抜け出す

ここで働き続けたくない。辞めたくもない

『ジャパン・アズ・ナンバーワン』から40年。IMD(国際経営開発研究所：International Institute for Management Development)の「世界競争力ランキング2022」によれば、日本は63カ国・地域中、総合で34位。さらに「経営プラクティス(企業の意思決定の迅速さや機会と脅威への対応力、起業家精神などからなるもの)」では最下位の63位という、不名誉な順位となっています。

また、調査会社ギャラップ社による「State of the Global Workplace 2022 Report」では、「熱意あふれる社員」の割合が、アメリカの33%に対して日本は5%。129カ国中128位です。

さらに、パーソル総合研究所が2022年に発表した世界18カ国・地域における就

業実態・成長意識に関する調査では、現在の勤務先について以下の結果が出ています。

・継続して働きたいか
全体平均が71・2％。中国とインドは8割強。日本は56・0％で最も低い。

・ほかの会社に転職したいか
全体平均が35・2％。インドが56・8％で最も高い。日本は25・9％で2番目に少ない。

・会社を辞めて独立・起業したいか
全体平均が35・1％。インド57・9％、インドネシア52・1％、フィリピン43・8％、アメリカ40・7％、中国40・4％。日本は20・0％で最も少ない。

日本は、現在の勤務先で継続して働きたいと考える人の割合が世界で最低水準であるにもかかわらず、転職や独立・起業したいと考える人の割合も世界最低水準。つまり、**仕事に対する意欲はないけれど、外に飛び出す気持ちもなく、嫌々いまの会社にいるという人が多い**ということです。これが日本企業の生産性低下、あるいはイノベーション不在の根本的な原因だといわれています。

子供たちに夢を与えられていない

ネガティブな話を続けてしまいますが、もう一つ。日本は夢を持つ子供の割合が世界で最低水準だといわれています。

古いデータになりますが、2001年につくば大学留学生センターの遠藤誉教授(当時)が中心となって行った調査では、中国・韓国・日本の中学3年生に「あなたは自分の将来に希望を持っていますか?」という質問をしました。「大きな夢を持っている」と答えた生徒の割合は、中国91%、韓国46%、日本は29%です。

また、カンコーが2016年に行った、日本・アメリカ・イギリス・オーストラリア・韓国・中国の高校生に学校生活や将来の夢の有無について聞いた調査があります。将来の夢が「ある」という回答が多かった国は、中国(99・0%)、アメリカ(98・0%)。日本は最も低く、67・0%。日本の高校生の3人に1人は「将来の夢がない」ということになります。

一方、２０１８年にＯＥＣＤ（経済協力開発機構：Organisation for Economic Co-operation and Development）が１８６カ国の中学生2万人に「親や教師を尊敬していますか?」というアンケート調査を行った結果、「イエス」の割合が世界平均70・７％に対して、日本は20・２％。世界最下位でした。

日本人はとても勤勉で「家族のために」と一生懸命働いているのに、**働く姿を通して子供に夢を与えることができていない**。これはとても悲しい結果ではないでしょうか。

自分の輝く姿を周囲に見せる

私は社会に出てすぐの頃、上場企業の幹部が登壇するパネルディスカッションなどをよく聞きに行っていました。そこでいつも耳にしたのが、「最近の若い人は……」「日本社会は、このままだとまずい」といった発言です。

それを聞いて、「小難しい顔をして評論家を気取る前に、やることがあるだろう」と思いました。みんなのリーダーとなるべき彼らが、いきいきとした姿を見せることが大事です。「チャレンジすることって、仕事って、生きることってこんなに楽しいんだよ」と、自身の生きる姿を通して伝えるべきです。

私が商社の人事部で働いていた頃の上司は、強いリーダーシップを発揮する人でした。いろいろな軋轢《あつれき》を生みながらも組織をどんどん変えていき、チームとしての結果も出ていました。

彼が他部門へ異動するときに1対1の面談があり、私は「この部署に残される僕たちに何を期待しますか？」と聞きました。答えは、一言だけ。

「お前が、もっと輝け」

ハッとする思いでした。その頃の私は、「社会のために」「会社を良くするために」といった言葉に言い訳をしていたように思います。仕事を必要以上に深刻に考えて帰りの電車の中で暗い顔をしているのでは、いくら結果を出していても未来には繋がらない。

リーダーやマネジャーが良い仕事をしているかどうかは、周りの人の眼の輝きを見ればわかります。周囲に自分たちの輝く姿を見せ、その目を輝かさせることが、会社にも、社会にも最大の貢献になるはずです。

毎日頑張って仕事はしているけれど、それほど面白いとは思わない。上に求められているような結果もなかなか出ない。チームのメンバーを見れば、どこか冷めた印象で仕事をこなしている。みんなで熱く目標に向かいたいけれど、それも時代錯誤な気がする。

こうした現実を、どのように変えていくのか。本書を通して考えていきます。

日本企業に決定的に足りないもの

数値目標だけではチャレンジできない

前述の通り、世界の競争力ランキングで日本は2022年に世界34位と、過去最低を更新しています。特に評価が低かった項目は、「企業の意思決定の迅速性（64位）」「起業家精神（63位）」「機会と脅威への素早い対応（62位）」「ビッグデータ分析の意思決定への活用（63位）」です。

そんな中で、IMD北東アジア代表の高津尚志氏らが、「日本の競争力低下の要因は何か」「必要な対策は何か」を分析しています。

レポートの中で印象的だったのは、**「日本企業にはビジョンというものがない」**。売り上げや市場シェアといった数値目標を目指している。数値目標だけでは、俊敏性も順応性も生まれず、リスクだからと全てのチャレンジをやめようという話になる」といった主旨のコメントでした。IMDのマイケル・ウェイド教授も「ビジョンが肝心だ。それに比べれば戦略や計画の重要性は下がった」とコメントしています。

レポートの中では、デジタル時代に求められる資質は、「Humility（知的な謙虚さ、知ったかぶりをしないこと）」「Adaptability（適応力）」「Vision（ビジョン）」「Engagement（エンゲージメント）」、これらの頭文字を取って、「HAVE（持っている）」とされています。

「ビジョン」とは、個人やチームの存在意義や目的といった、「ありたい姿」をベースに、実現したい未来（何を実現したいのか、どのような景色を見たいのか）を明確化したものです。

自分のビジョンが明確に見えていて、そこに近づいているという実感を持てる。ゴールも、そこに向かう過程も楽しさとワクワクで満ちている。そのとき、人は最大限のパフォーマンスを発揮します。

再定義される「企業の存在意義」

今、企業の存在意義が再定義されています。これまで株主利益最大化が企業の追求すべき価値であり、それが社会にとっても良いことだと信じられてきました。しかし経済成長ばかりを求めた結果、貧富の格差が拡大し、自然環境も破壊されています。そうした反省から、近年、ステークホルダー資本主義への転換が一気に拡大しています。株主以外も含めたステークホルダー、つまり従業員や顧客、地域社会、環境など、社会全体の課題解決への貢献により、長期的な成長を目指すべきとするものです。

そのような事業環境の変化において中心にあるのが、いわゆる「パーパス経営」です。**「この会社は何のためにあるんだろう?」**「自社が存在するのとしないのとでは、世の中はどう変わるんだろう?」ということが、改めて問われている時代です。

パーパスが必要だということには、三つの文脈があります。

一つ目は、ＶＵＣＡ（「Volatility：変動性」「Uncertainty：不確実性」「Complexity：複雑性」「Ambiguity：曖昧性」）が加速し、ビジネス環境がさらに混沌としてきている中で、企業・組織の目的、目標を再定義する必要性が出てきたこと。

二つ目は、お金の流れです。「ＥＳＧ投資」といわれるように、投資家が「中長期の視点を持って、社会的な課題解決へ貢献している会社に投資しよう」と考えるようになっています。当然、企業もそれに応える必要があり、会社としてのあり方を見直すことが求められています。

そして三つ目が、人材面です。

従来一般的だった「社会的ステータスの高い企業でずっと働きたい」といった感覚は薄れ、現代の若い世代は、「自由に働きたい」「自分らしく働きたい」「社会に貢献したい」という欲求を強く持っています。「ＥＳＧ」や「ＳＤＧｓ」、「ＣＳＲ」といった概念が注目されていることには、そういった側面もあるでしょう。

企業の価値は人がつくります。これまでの経営では、戦略が最上位にあり、戦略を実行するために人がいました。そこから、変化が激しくクリエイティブ・イノベーションが求められる時代においては、**競争優位性の源泉は〝人〟へと変わっています。**

マーケティングの権威であるフィリップ・コトラー教授は、2019年に東京で開催されたマーケティング・サミットで、「現在のマーケティングにおいて、三つの『P』、すなわち『Profit（利益）』『People（人）』『Planet（地球）』が重要である」と話しています。

良い人を引き付けてその人が活躍できる場をつくることが、企業にとって最も重要な戦略に変わっています。自分たちの組織の存在する意味をコアに持たなければ、人もお金も集まらず、企業の存続も危うくなるのです。

一人歩きする組織

物理学者・哲学者デビット・ボーム氏は、著書の中でこんなことを言っています。

人はあるものを選択し、それを他と区別する――初めは、便宜上の目的でそうした行動をとっている。しかし、のちには、このように区別したものに大きな重要性を与えてしまう。我々が建設する個々の国家とは、どれも思考の産物である。そうして生まれた国家を、その後、人は最高に重要なものと考え始める。（中略）思考は国家を生み出して、こう言う。国家には途方もないほどの価値が、究極の価値があり、それ以外の大半のものに優先する、と。

『ダイアローグ 対立から共生へ、議論から対話へ』

これを組織に置き換えても同じことが言えます。

人の思考によってつくられた組織が、まるで人間を超越したようなものとして存在する。人間としての感情やパーソナリティー、行動の違いなどを認めず、組織のルールやシステムが絶対的なものとして優先される。

例えば、経営者が経営企画部に指示を出し、中長期の経営計画や予算を策定します。そして予算が一人歩きをし、予算達成に社員の意識が縛り付けられます。経営企画部や各事業部は、外部環境の変化への適応よりも、予算と実績の差を埋める方法の社内説明に膨大な時間を使う。マネジメントは予算達成の名のもとに、働くメンバーの感情よりも、その人がどう役立つかといった「機能的価値」に意識を向ける。

人の思考から生まれた組織は、そうしていつしか人の手を離れ、人を囚人のように拘束するようになります。

本書を読んでくださっているみなさんの中にも、共感できる方がいるのではないでしょうか。この変化の原因は、個人にはありません。**人間は道徳的な観点よりも、自分が所属する組織の中で是とされるものを優先する**傾向があるといわれます。

組織のルールや仕組み、文化と呼ばれるものが一人歩きして、人を囚人にしてしまう。結果、組織全体をも蝕《むしば》んでいく。社内での衝突もあれば、短期利益と長期の視点といったような対立構造の中で、本質的ではない決断が求められることもあります。

こうした矛盾を変えるためにも、従来の短期的な株主価値最大化を目的とした数字的な成長ではなく、改めて企業の存在意義を問うことが大事です。

「自分たちの組織の存在意義」となるパーパスや「自分たちが実現したい未来はこれだ」というビジョンにみんなが合意できれば、最適な意思決定が進んでいきます。それをベースに組織の常識や習慣、仕組みに向き合うことで、正しい変化が生まれるのです。

「楽しい未来」がチームを引っ張る

メンタルケアよりも未来を見せることが大事

近年の企業の課題として、離職率の高さが挙げられます。なぜ、メンバーが組織を離れていくのか。そこには主に二つの理由があります。

一つは、上司に魅力を感じないから。

もう一つは、**目標が面白くないから**です。

最近は、働く人のメンタルケアが重要視されています。一人ひとりに寄り添い、ネガティブな要素を取り除いていく。それが大事なのは確かですが、大義を感じる目標を掲げて、そこに向かう状態をつくってあげることのほうが、結果的に本人のモチベーションにも繋がります。

成果を出すリーダーは、メンバー個人よりも、チームが向かうべきところに意識を向けています。リーダーが見ているゴールや、解こうとしている大きな問いにワクワクして人が集まる。そこに向かうことがメンバー個人の目標にもなっている。そうしてチームの推進力が生まれます。

リーダーの目標に人が集まるということのわかりやすい例が、イーロン・マスク氏の事業です。同氏は、人類の永続的な繁栄に必要な領域として、「インターネット」「クリーンエネルギー」「宇宙開発」の三つの分野に絞った事業展開をしています。「人類を火星に移住させる」という、一見無茶に思える目標に対して、世界中の優秀なエンジニアが集まっています。「カリスマは大義に宿る」という言葉もありますが、彼は一人ひとりのモチベーションよりも、大義に向き合っているのでしょう。

みんながワクワクする目標やテーマを掲げられるかどうか。これが、チームの力を強くする上で大きく影響します。

なぜ、この仕事をするのか?

「どんな目標に面白さを感じるか」にはいくつかの観点があると思いますが、一つは自分の限られた人生の時間を使うに値する意義を感じられるかどうかです。**「なぜ、それをやるのか？」**といった、いわゆる「Ｗｈｙ？」の部分に腹落ちできなければ、前を向くことに集中できません。

私は商社の人事部で採用や育成を担当していました。特に印象に残っている取り組みが二つあります。

一つは、採用のための会社説明を一切しない、学生のキャリア教育に特化したプログラムの立ち上げです。

当時、私が働いていた商社では、某大手人材紹介会社が提供するイベントに参加していました。しかし、学生と企業を食い物にするようなプログラム構成に、強い違和感を持っていました。学生には「早く就職活動をスタートしないと内定を取れない」と不安を煽《あお》り、企業にも「早く学生にアプローチしないと良い学生を採用できない」と働き掛ける。これではきっとこの国の未来はおかしくなるという危機感や、解決の使命感を感じていました。

翌年、チームで話し合い、本当に学生のためになるプログラムをつくると決めました。キャリア教育のプログラムづくりは未経験のメンバーで、「自分を知る」「社会を知る（時代認識）」「自分と社会の繋ぎ方を考える（キャリア）」という3ステップのプログラムを構築し、1万人近い学生に提供することができました。

もう一つ、他社と連携して就職活動時期の見直しに動いた経験があります。

当時は年々就職活動の早期化が進み、学生は大学2年生くらいから就活受験の準備に入るのが一般的でした。早い段階から社会や企業を知るのは良いことでもありますが、就職試験や面接への小手先の対策に大学時代の大半の時間を注ぐ学生が増えていたこと、またそういった活動で学生を食い物にする企業が多く存在していたことに憤りを感じていました。

ある日、各商社の人事部同士の情報交換会があり、そこで就職活動時期見直しの提案をしました。すぐに他社の人にも賛成してもらい、プロジェクトが動き始めました。その後経団連の加盟企業全体を巻き込んだ活動となり、日本全体の就職活動のあり方が見直されるきっかけになりました。

私たちは、「このチームの仕事は、自分たちの会社に入社するかどうかにかかわらず、出会える全ての学生に良い学びの機会を提供すること」という目的を共有していました。もし自分たちの仕事が、偏差値の高い大学から学生を採用することだけであれば、これらの取り組みは実現していなかったはずです。「なぜやるのか」が明確だったことがチームの熱量を生んだのだと思います。

成功は楽しさの周囲にある

「懸命に努力すれば成功する。成功して初めて幸せが訪れる」

これまでみんながそう信じてきましたが、実はそうではありません。人は幸福感を覚えているときやポジティブでいるときに、頭が働き、やる気が生まれ、結果的に物事がうまくいく。**成功している人の中心には、努力ではなく楽しさや幸せがあり、成功はその周囲を回っている。**これは最近のポジティブ心理学の多くの研究でいわれていることです。

世間に名が残るような「憧れの存在」「何者か」にならなければ成功とは言えず、幸せにもなれないと考える人もいます。しかし幸せへの本当の近道は、自分が何に幸せを感じるかを理解して、それを追求することでしかありません。

やりたくないこと、誰かに与えられたことを淡々とやっているだけでは、ワクワクしないし、成功にも繋がらない。自分が心から楽しめることや、意義を感じられることが熱狂を生み、それが成功にも繋がっていきます。

私の知人に、夫婦関係がいちばんの悩みだという人がいました。「やろうとしていることをいちいち妻に邪魔される。もう別れたい」と口にするほどでした。

しかし彼が自分のビジョンを明確にして、そこに向かって進んでいるうちに、妻の言動が気にならなくなったそうです。

これはチームも同じです。どんなチームにもたくさんの問題があると思いますが、「これができたら最高だな」という楽しい未来にみんなの意識が向いていれば、目の前の問題は前向きに乗り越えるチャレンジへと変わります。

「会社に言われたから」ではなく、「せっかくだからみんなで面白いことをやろうよ」と考える。楽しいから、面白いからという方向に、どんどん進んでいきましょう。楽しく感じる未来を描き、走っていくうちに、気付けば一段高い場所に立っています。そこから見下ろせば、「なぜあのとき、こんなに小さなことで困っていたんだろう」と感じることができるはずです。

変革は「チーム」から始めるべき

組織に求められる「非連続」な変化

企業を改革しようとするときに、どこから手を付けるべきなのか。いろいろなアプローチがありますが、個人が変わっても会社が変わらなければ、結果は変わりません。一方で「会社全体を変えよう」となると、取り組みは漠然としたものになってしまいがちです。

将来の予測が困難で、これまでの常識を覆すような社会変化が次々と起こる時代においては、全ての企業や組織に非連続的な変化が求められます。

例えば、富士フイルムはデジタル化の波で競合のコダックが経営破綻する中、「ヘルスケア」や「高機能材料」という新領域を伸ばして生き残りました。既存技術を生かした製品開発や既存市場の販路拡大といった連続的な成長ではなく、時代の変化を見据えて、新たな技術、新たな事業領域にチャレンジしながら、会社のビジネスモデルそのものを変える。そのような非連続な成長が求められています。

連続的な成長であれば、今までの枠組みに今までと同様の人材を追加すれば対応できたかもしれません。一方、非連続な変化のためには、新たなケイパビリティ（能力）を持った人を集め、今までとは異なるプロセスで価値を生み出す必要があります。

これを会社全体で取り組もうとすると、新たなケイパビリティを持った人が、既存事業の組織運営の枠組みの中で管理され、潰され、結果として企業全体の変革は失敗します。

全ての**非連続な変化は、1人の個人、または小規模なチームから生まれます**。つまり、現在の停滞する社会や企業では、**チームで突き抜けた成果を出すことが最もインパクトのある取り組み**です。

チーム変革の過程で、メンバーが今までにない体験を得る。体験を得ることで個人の信念が変わり、行動が変わっていく。そうしてチームが変われば、その動きはどんどん大きくなっていきます。会社全体、社を越えたアライアンス、ひいては社会にもインパクトを与えていきます。組織全体がスピード感を持って成長していくためにも、変革の起点はまず、会社や組織全体ではなくチームに置くべきです。

人が輝く四つの条件

チームを改革していく上で、必要なことは何なのか。このテーマについて、私に大きな示唆を与えてくれた経験があります。

私は大学の部活を引退した後、就職活動も終えてから、1年間ボストンに留学しました。この期間中、二つの施設で働いていました。

一つはボストンにある高級老人ホーム。少子高齢化が進む日本の社会課題解決に繋がるヒントを得たいというのが狙いでした。外も中もキレイな建物で、「お金持ちが住んでいるのだろうな」といった雰囲気でした。

しかし、そこに住む方からは、エネルギーがまったく感じられません。体が元気そうな方はいましたが、目が死んでいる。ただ死を待つ人たちが集まっているような印象で、「まるで高級な刑務所だな」と感じました。

もう一カ所働いていたのが、アメリカのフロリダ州にあるGive Kids The Worldという難病の子供のためのアミューズメント施設です。世界中から病に苦しむ子供とその家族を1週間受け入れるもので、施設内にはたくさんの楽しいスポットがあります。

そこで働く人の大半は、70、80代の方々でした。朝、施設に行けば食堂に200〜300人のおじいちゃんやおばあちゃんが集まり、みんな一緒に朝ごはんを食べています。そこは、老人ホームにはまったくなかった笑顔や活気であふれていました。

この二つの施設にいたのは、同じような年代の人たちです。しかし一方では目の光は淀み、もう一方では輝きに満ちている。その後の学びを通して、人が輝くためには四つの条件があるのだと理解しました。

何よりも大きかったのが、**「共通目的」**です。

Give Kids The Worldには来年のクリスマスパーティーを迎えられないかもしれない子供たちが、世界中から集まります。

自分よりも先に亡くなるかもしれない子供たち。普段は病院で過ごしているこの子が出会えるのは、人生でたった100人程度の人かもしれない。その中の1人が自分なのだ。何とかして目の前にいるこの子の人生を輝かせたい。そうした意識をみんなで持つことで、施設全体の活気が生まれていたのだと思います。

また、強い目的意識を持って行動することで、**「自己重要感」**も生まれていきます。これが、人が輝く条件の二つ目です。

ボランティアの中に、気難しそうな表情をした80代くらいの男性がいました。彼は私と一緒に子供たちが乗る汽車の運転手をしていました。

車いすに乗る子や顔にチューブを付けた子もたくさんいて、最初は緊張した表情をしています。汽車で一周した後、子供たちを汽車から降ろすときに、彼はポケットの中のお菓子を配ります。子供たちに笑顔が広がり、彼の目にも輝きと優しさがあふれていました。自分が目の前の子供の人生を輝かせる役割を担っているということに、大きな喜びを感じていたのだと思います。

人が輝くための条件の三つ目が**「自律性」**。自分で選択してやりたいことをやっているかどうかです。

Give Kids The Worldで働く人は、自分で選んでそこに来ています。もちろん自分で望んで老人ホームに入る人もいるでしょうが、部屋や建物から出るにも人のサポートが必要です。自分でやりたいことをやっているとは言えないでしょう。

そして四つ目が**「関係性」**です。

Give Kids The Worldで働く方の中には、独り身の方やパートナーに先立たれた方がたくさんいました。自宅では一人でも、施設で働くことで人と出会い繋がることができます。

おばあさんを指差しながら、「彼女、可愛いだろ？」と恋するおじいさんもいました。人は一人では幸せになれません。人と人とが繋がり、支え合う関係性も人が輝くための重要な条件です。

熱狂するチームとは

ここでお話しした四つの条件は、熱狂するチームをつくる上でも必須条件だと考えています。質の高い関係性の中で、メンバーそれぞれが自律的に働く。意義を感じられる共通目的を共有し、その達成のために自分が役立っていると実感することで、自己重要感を得ることができる。そうして初めて、目標に向かって楽しく進んでいくチームができます。

組織論として、最近はよく「エンゲージメント」という言葉が使われますが、これを「熱狂」という言葉に置き換えているわけではありません。エンゲージメントサーベイといってエンゲージメントを測定する手法がありますが、これは「会社と従業員間の繋がりの強さ」を測るものです。人材の流動性が高まる中で、社員の離職を防ぐための環境改善には効果的かもしれませんが、サーベイのスコア全体の高さが、そのまま社員の熱狂に繋がるわけではありません。

熱狂するチームには、メンバー間で確認する共通の目的や目標が必要です。結果的に、エンゲージメントサーベイによくある「仕事量」や「ストレス反応」といった項目の点数は高くなるかもしれませんが、それは本質ではありません。

メンバーは、楽な環境に安住するのではなく、共通目的の達成のために自分たちを越えた大きな何かに挑戦します。互いに鼓舞し、支え合いながらも挑戦を続け、壁を乗り越え、個人として、またチームとして成長していきます。そういった積み重ねが、全体的に〝そこそこ〟の組織ではなく、突き抜けた結果を生むエクセレントチームへと変えていくのです。

メンバーが〝バカ〟をリーダーに変える

リーダーの熱狂にフォロワーが集まる

偉大なリーダーたちは、リーダーになろうとしてリーダーになったわけではありません。リーダーシップとは、自分自身をリードすることから始まり、そこから人をリードし、社会をリードする旅です。

ある人が「見えないもの」、つまり現在、現実には存在せず、多くの人が「夢」や「理想」と呼ぶようなものを見る。そこに向けて、まず自分自身をリードします。しかし、新しい挑戦をする人は、往々にして周囲に理解されません。世の中から見れば、最初は「一人で踊っているバカ」でしかないわけです。

熱狂する一人の〝バカ〟が偉大なリーダーに変わるきっかけをつくるのは、ファーストフォロワーです。ファーストフォロワーの役目は、熱狂する一人が始めたことに、「かっこいいね」「面白いね」と言ってあげることかもしれないし、仲間としてチームに加わることかもしれません。あるいは、お金を出すことかもしれない。

それを入り口に、熱狂する一人が見ている景色に共感して人が集まります。集まった人は熱狂する一人が見ているものに自分自身の夢や思いを重ね、チームメンバーに変わります。

こうして初めて、リーダーはリーダーになる。「リーダーは仲間を奮い立たせるより先に、仲間に奮い立たされなければならない」といったこともいわれます。**メンバーが一人のバカをリーダーに変える**のです。

このように、メンバーは、リーダーのビジョンに共感することから熱狂の輪に加わっていくことになります。リーダーのビジョンではなく、自分のビジョンに向かっていくべきではないのか、と思われるかもしれません。

しかし私は、誰もがビジョンを持たなければいけないわけではないと思います。楽しい未来を思い描いて周囲に伝えることが上手な人もいますが、そうではない人もいます。**誰かのビジョンに共感するのであれば、飛び込んでみる。**それが自分のビジョンを見つけるきっかけにもなります。

たくさんの力を巻き込んでいくために

リーダーが一人でできることは限られています。ビジョンを実現させるのは、それを思い描いた本人ではなく、後に続く人たちです。

周囲の人を巻き込んでいくためには、**リーダー自身が熱狂して描くビジョンが必要です。**リーダーは、頭の中の真っ白なキャンバスに自分の未来を大きく描きます。そして、その実現に必要な人物を洗い出して、その登場人物がどんなことに興味・関心を持っているかを理解する。その上で、「この人はどんなコミュニケーションを取れば絵の中の登場人物として活躍してくれるのか」を考えながら巻き込んでいきます。

私の周囲にいる成功者と呼ばれる人の中には、絵だけはすごいものを描きますが、「オペレーションなんて全然わかんない」といった人も多い。自分の特技を生かしながら、うまく周りを巻き込んでいく力は欠かせません。

経営コンサルタントとして世界的に知られるジェームス・スキナー氏は、講演の中で次のように言っています。

多くの人は、何でも自分の力でやらないといけないと思っているから、なかなかチャレンジしない。しかし一人でできることは何もない。無能は超能力だと思ったほうがいい。無能マンはスーパーヒーローだ。

「自分で全部やらないと」と思えば、一歩を踏み出すことはできません。明確なビジョンを描くことができたら、船を出す。そこからどんどん周りを巻き込み、彼らに頼ることで、大きなことができるようになるのです。

現時点で、自分は熱狂していないと感じる方もいると思います。第2章では、リーダー自身が熱狂する方法をお話ししていきます。

無理に自分を動かすものではありません。自分のありたい姿や理想の未来、どんなことを大切にするのかを明確にすることで、自然と熱が生まれます。そして、その過程で描くビジョンが、メンバーを引き付けていきます。

02

意図的に自分を熱くする方法

リーダーの限界以上のチームをつくる

短所を伸ばそうとして長所が削られる

昔々、動物たちは、新しい世界の様々な社会問題を解決するために、何かしなければならないと考えて、学校を設立することにした。科目は、かけっこ、木登り、水泳、飛行であった。学校を円滑に運営するために、すべての動物にこれら四科目の履修が義務づけられた。

アヒルは、水泳の成績は優秀だった。先生よりもうまかった。飛行もいい成績だったが、かけっこは苦手だった。それを補うために、放課後居残りをさせられ、そのうえ水泳の授業時間まで削って、かけっこの練習をさせられた。やがて、足の水かきが擦り減り、水泳も平凡な成績に落ちた。しかし、学校は平均点な成績でいいとされていたので、アヒル本人以外は、誰もこのことを気にかけなかった。

ウサギは、かけっこにかけては最初から優等生だったが、水泳が苦手で居残り授業ばかりさせられているうちに、神経衰弱を起こしてしまった。

リスは木登り上手だったが、飛行の授業では、木の上からではなく、どうしても地上から飛べと先生に強制され、ストレスがたまる一方だった。疲労困憊《こんぱい》の末、肉離れを起こし、やがて木登りもC、かけっこもDにまで落ちた。

ワシは問題児で、厳しく更生する必要があった。木登りの授業では、いつも一番早く木の上に到着したが、先生の指示する方法にどうしても従おうとしなかった。

結局、学年末には、泳ぎが得意でかけっこもまあまあ、木登りも飛行もそこそこという少々風変わりなウナギが、一番高い平均点を獲得して卒業生総代に選ばれた。

学校側が穴掘りを授業に取り入れてくれなかったことを理由に、モグラたちは登校を拒否し、その親たちは税金を納めることに反対した。そして子供を穴グマのところに修業に出すと、後はタヌキたちと一緒に私立学校を設立し成功を収めた。

これは、スティーブン・R・コヴィー氏の著書『7つの習慣』の中で紹介されている、教育学者R・H・リブズ博士の『動物学校』という物語です。

平均80点にするために、苦手な分野に意識を向ける。**50点をなんとか80点にしよう**

とすることで、気が付けば100点の分野も80点になってしまう。

日本の学校教育がそうしたシステムになっていますし、社会に出てからも同じです。日本の会社組織はまだメンバーシップ型で、平均的に何でもこなせる人を部署異動させながら会社を動かしています。

しかし、グローバルなビジネスの世界では、「何でもそこそこの人」は「何もできない人」と同じです。平均80点の人が集まるチームではなく、分野によって100点や50点と差はある個人の集まりだけれど、誰かの苦手な分野を得意な人が補うことできる。そうして100点を超える成果を出せるチームこそが、生き残ることができます。

「正しさ」では人の心は動かない

学生時代の先輩に、システムエンジニアになった人がいます。彼はもともと理系ではなく、ほかのエンジニアについてこんなことを話していました。

「一生懸命努力しているけれど、好きでやっている人にはどうしてもかなわない」

今まで、私たちは「正しさ」を求められてきました。しかし人間は「正しいこと」ではなく「楽しいこと」しか続きません。そもそも**脳には「正しい」という判断基準はなく、あるのは「快」と「不快」の認識**だといわれています。

好きなことは、やめたくてもやめられないこと、嫌いなことは、始めたくても始められないことです。仕事や勉強は「正しいこと」なのに、やる気も起こらないし、継続も難しい。「楽しいこと」は、率先して行動でき、継続も苦痛ではありません。学校や会社に寝坊してしまう人でも、趣味を楽しむ日は早起きも平気です。

自分が大好きなことに自分の強みが宿り、そこに熱量が生まれて、周りの人を巻き込んでいくことができます。**やるかやらないかの基準を、正しさから楽しさに置き換えていく。**「成績を上げることが正しいんだ」「競合に勝つことが正しいんだ」といくら考えても、心は動きません。そのギャップが、「今日も頑張ろうと思ったけれど頑張れない」と人を苦しめます。

ここで言う楽しさとは、すぐに手に入る娯楽だけではありません。目の前にあるチャレンジに対しても、正しさで自分を説得するのではなく、「その壁を乗り越えた先にある、楽しく、ワクワクする世界」をイメージし続けることが大切です。

世界一のコーチといわれるアンソニー・ロビンズ氏は、講演の中で、「全ての人は一貫して六つの欲求を求める」と話しました。

①安定感：安定性や確実性を求めるニーズ
②不安定感：多様性や新たな刺激を求めるニーズ
③自己重要感：自分には価値があるという感覚を求めるニーズ
④愛と繋がり：家族や友人、恋人との繋がりを求めるニーズ
⑤成長：人間が生きていく上で必要な成長を求めるニーズ
⑥貢献：周りの人々や社会に対する貢献を求めるニーズ

①安定感と②不安定感、③自己重要感と④愛と繋がりは、それぞれ相反するニーズです。安定したいけれど、不安定な刺激も求めたい、また自己重要感を高めたくても、愛と繋がりを得るためには自分より他人を優先する姿勢も必要です。

それら相反するニーズの良いとこ取りをするために必要なのが、⑤成長と⑥貢献で

す。成長することで安定感を得ることができ、また今までできなかったことができるようになることで、新たな刺激を得ます。他者への貢献により、自己重要感と愛と繋がり、両方のニーズを満たすことができます。

どのニーズを優先するかで、その人が善人にも悪人にもなります。**幸せに繋がる行動を生むためには、自分がどんなニーズを優先しているのかについて自覚的になること**が大切です。本当に楽しくワクワクする時間を過ごすためには、どのようなニーズを優先し、どのような行動を重視すればいいのか、立ち止まって考えてみましょう。

長所を伸ばせば短所は埋まる

社会に出てからの数年間、私は自分の理想像と現状とのギャップを埋めるためのキャリアを選択してきました。学生時代には簿記が最も苦手な科目で、経営者になるためにまずは数字に強くならなければいけないと考えて、商社では最初に会計の部門で働きました。その後も、人事、新規事業開発、合弁会社の経営など、自分に足りないスキルや経験を補うために仕事を選択していました。

そうして知識や経験の幅は確かに広がりましたが、常に自分の短所と向き合い、それを克服するために時間を使う中で、終わりのないトレーニングを続けているような感覚にもなっていました。

その後コンサルティングファームに移り、最初の1年間はまったく成績が出ませんでした。

プロジェクトが終わるたびに、上長からパフォーマンスを評価されます。1年目はどのプロジェクトでも、30項目以上の評価項目全てが5段階評価の3点程度。外資系コンサルティングファームはアップオアアウトの世界で、このまま成績が上がらなければ退職せざるを得ない状況でした。

私は中途入社で、当時の若いメンバーの中では比較的年齢が高いほうです。年齢は気にしないつもりではいたけれど、年下の上司がいて、年長者でありながら役に立てないもどかしさを感じていました。

あるとき、同じプロジェクトの先輩から、「自分の得意なところを伸ばせば、足りないところは自然と埋まる」と言われました。

当時の私は、分析や戦略立案といった基本スキルに弱みがありました。自分が参加するプロジェクトを自分で選べたので、苦手な部分を勉強できるようなプロジェクトを意識的に選んでいました。

一方で、私の強みは商社時代に新規立ち上げを行ったように、フロントに立って人を巻き込みながらアイデアを実現させていくような動きです。自分が最前線で結果を出せる仕事をしようと考えて、病院の経営改革プロジェクトに参加しました。高齢化によって日本の医療費が膨れ上がる中、病院の経営を安定化させることが未来に繋がる。自分の中で、社会的に意義があると信じられるテーマでした。

完全成果報酬型のプロジェクトだったので、良い提案をしてもクライアントが具体的な成果に繋げられなければ、会社としては一銭の利益にもなりません。また、病院業務という特性上、医療の質の維持が最優先事項です。医療に悪影響があったり、運営側の負担が増えたりする提案は、いくら収支改善に良い影響がありそうでも受け入れてもらえません。プロジェクトへ参加していた多くのコンサルタントが苦戦していました。

私は担当する病院に通い、プロジェクト推進の鍵となる人たちと積極的に交流しました。一緒にお茶を飲んでお菓子を交換し、雑談を通して関係性を構築していきます。これは商社時代に培った、人と組織を動かすスキルです。

病院の経営改善の全体戦略をリードする上長と密にコミュニケーションを取りながら、経営改善の打ち手となる仮説を日々構築していました。その仮説をもとに、お菓子を持ってキーマンのデスクを訪問します。立ち話の中で仮説をぶつけ、仮説検証を高速で繰り返しながら効果的な打ち手を探ることで施策が順調に進みました。

この経験から、私は**自分を変える努力をやめて、自分を生かす選択**をしようと決めました。自分の強みが生きるプロジェクトを選択するようになってから、弱みだった項目は大幅に改善し、30以上の評価項目全てが最高評価になりました。2年目には、会社全体の年間ＭＶＰにも選ばれました。


その後、さまざまな経営者の方と交流を持つ中で、自分の強みにフォーカスすることは業績を伸ばす経営者に共通する点だと気付きました。

自分で何でもやろうとすれば、本人の能力や工数の限界がそのまま会社の成長の限界になります。一方、自分の苦手なことや欠点を理解し、それらを得意な人に任せることのできる経営者は、自分の限界を超えて大きく会社を成長させることができます。

もちろん、自分の強みを生かす上で阻害要因となる弱みがあれば、それを克服するような努力は必要です。ただし、何でもできるようにしようとすれば、大事なものが失われていきます。〝風変りなうなぎ〟になってしまわないように、自分の長所や大切なことにフォーカスして生きていくことが、オリジナルな価値を生む方法なのだと思います。

成功は「フォーカス」から始まる

何のためにスポーツをするのか？

大学1年生の頃、ラグビーの元日本代表選手・日本代表監督の平尾誠二氏の講演を聞く機会がありました。高校生の保護者向けに、「スポーツをする意味」というテーマで開催されたものです。

私は高校生の頃からアメフトをしていて、大学でも続けるかどうか迷っていました。

アメフト部で活躍できたとしても、社会人でプロを目指すというほどの意欲はありません。アメフトで有名な大学だったので、部活に入ることで就職に有利だということもありましたが、それも魅力的には感じられませんでした。人がうらやむような会社に就職できても、本心から望む仕事でなければ自分にとっての価値はありません。

また、私はそのときカナダへの留学から帰国した直後で、もう一度海外の大学へ留学したいという気持ちも強くなっていました。現地で得た学びを自分の中で整理しているタイミングでもありました。

そうした考えから、平尾氏の講演会が開催されることを知ったのは、「大学生時代に本気でスポーツをすることが何の役に立つんだろう？」ということを冷静に考えたいと思っていた頃でした。

それに、私は小学生の頃にはラグビーをやっていて、平尾氏は憧れの選手だったこともあり、ぜひ聞いてみたいと思いました。学生は会場に入れなかったので、こっそり礼拝堂の2階に忍び込むと、平尾氏はこんなことを話していました。

「今は体力の必要ない時代になっている。スポーツを単に体力を育てるだけのものだと考えるのであれば、必要ない。そうではなく、**目標達成のプロセスを学ぶ最適な場所だと捉えることに意味がある。**

例えばサッカーをしている子供が試合に出たいと考えたら、来月までにリフティングを50回できないといけないと考える。そのために、今日は何回までできるようになろうと、逆算してやっていく。このプロセスが大人になっても生きてくる」

私はそれまで、スポーツの価値を、試合で活躍することを楽しむという点だけで捉えていました。試合に出られる実力がなければ、やる意味はない。そう考えていた私にとって、平尾氏の言葉は大きな気付きとなりました。

成功者が語る共通点は

高校時代も部活に大半の時間を注いでいたのですが、当時はスポーツで得た経験が、社会でどう生きるのかまったくイメージできていませんでした。平尾氏の講演を聞いたことで、スポーツを通して得ることのできるチームをまとめる経験が、グラウンドの外でも生きるのだとわかりました。

当時のアメフト部には全体で200人くらいが所属しており、大きな会社並みの規模でした。自分も将来、社会に出ればどこかの組織に所属することになる。その中で力を発揮するための方法を学ぶために、アメフト部はとても良い環境です。

それに、アメフト部は私の持つ願いを実現できる場でもあると考えていました。

以前、両親に子育てで大切にしていた考えを聞いたことがあります。2人とも迷うことなく、「自分の子供だと思って育てたことがない」と答えました。両親からは、無条件の愛情と最高の成長機会を与えてもらっていたと感じていたので、この発言には驚きました。

両親が言うには、子供は自分たちのものではなく、神様から預けられたものである。将来社会で活躍できるように育てて、世の中に返さなければいけないと考えていたようです。

そんな考えの両親の元で育ったこともあり、自然と、将来人の役に立つために成長したいという想いを強く持つようになりました。

日本一を狙えるチームで、ビッグゲームになれば3万～4万人のお客さんが観戦に来ます。そこで活躍できれば、子供たちに「自分も将来こんなスポーツをやってみたいな」と、夢や元気を与えられるかもしれない。それは**ほかの場所では得られない機会**です。

結果的に、私はほかの同級生よりも半年以上遅く部活に入りました。それでもチームのエースとして試合に出ることができ、4年生ではチーム全体の年間MVPや学生日本代表のメンバーに選んでもらいました。

私がキャッチアップできたのは、**自分の人生にアメフトがどう繋がるのかを明確に定義できた**からだと思います。社会の中で自分の力を発揮するための方法を学ぶ場であり、人を喜ばすこともできる。自分のやるべきことにフォーカスできたことで迷いがなくなり、結果に繋がりました。

フォーカスが大事ということは、『Think clearly』という本の中でも言われています。

ここは実際にあった夕食の席での一場面。出された料理はどちらかといえば伝統的で無難なものだったが、食事客のほうは豪華だった。

大勢の大富豪が招待されていて、客の中にはウォーレン・バフェットやビル・ゲイツもいた。

ゲイツは、会場に居合わせた人々にこう尋ねた。「あなたたちがいまの成功を手にできた一番の要因は何ですか?」。バフェットは「『フォーカス』だね」と答えた。ゲイツも同意見だった。

どんな分野でも、投資したリソースは乗数的に大きくなっていきます。しかし複数の事柄に投資をしようとすれば、当然、それぞれの力は弱まります。10という リソースを一つに投資し、3乗されれば1000です。一方で、10を五つに分けて投資すれば、2の3乗×5＝40にしかなりません。**同じ10の力を注ぐのでも、分散するのとフォーカスするのとでは大きな差になる**のです。

本当に必要なことに時間を使う

YouTubeで大きく拡散された、少林寺の僧侶の教えがあります。


山の近くに住む男は、毎日考えていました。

あの山に登れば、何が見えるだろう？　頂上で何が見えるだろう？

ついにその日が来て、男は旅に出ます。

男が山のふもとに到着すると、旅人に会いました。そこで男は「どうやって山に登り、頂上から何を見たのですか？」と尋ねました。

旅人は、自分が登った道や頂上からの景色を教えてくれました。

しかし、男は「この旅人が私に説明した道のりは、とても大変そうだ。別の方法で登る必要がある」と考えていました。そして、次の旅人に会うまで山のふもとを歩き続けます。

次の旅人と出会い、もう一度男は訪ねました。

「どうやって山に登り、頂上から何を見たのですか？」

旅人は同じように、山頂から見た景色や、山頂までの道筋を教えてくれました。

しかし男はまだ、自分が登る道を見つけられずにいました。

結局、30人の旅人から話を聞いた男は、ある決断をします。

「たくさんの人が頂上への道を教えてくれた。頂上からの景色も共有してくれた。私はもうあの山に登る必要はない」

ほかの人がどう登ったかをどれだけ詳しく知ったとしても、自分で経験しなければその世界は見えません。人生も同じ。山頂へと登るために、自分に最も合った道を選ばなければいけません。

そのとき、「こう生きるんだ」「こうやるんだ」という軸がなければ、意識が分散してしまいます。そうすれば、自分の登りたいピークにたどり着くことはできません。

近くを見れば次の一歩に迷います。しかし、遠くの山頂がクリアに見えていれば迷うことはありません。人生の限られた時間の中で、最終的にどのような景色を見たいのか。それを心から望むものとしてイメージできれば、目の前の誘惑に負けることはありません。自分の人生の成功を定義して、そこからぶれずに本当に必要なものに時間を使うことが、幸せへの最短ルートです。

何があってもぶれない軸を持つ

「お前はどんな人になりたいのか？」

大学のアメフト部では、監督も部活を人材育成の場だと捉え、将来社会で活躍する人を育てることを最上位の目的に置いていました。監督や先輩から、「日本一になれ」といった目標を押し付けられたことは一切ありません。常に投げ掛けられていたのは、「お前はどんな人になりたいのか？」という問いです。

メンバーそれぞれが「自分はどんな人になりたいのか？」を自問する。誰かが立てた目標であれば、「そんなに高い目標を押し付けられても無理だ」と言い訳できます。しかし、**自分で立てた目標には言い訳ができません**。自分がこうありたいと決めたことに向き合わないでいれば、周囲からも「お前は嘘つきだ」と言われるわけです。自分と向き合う時間の長さがチームの強さの源泉でした。

幸い、その後勤めた商社やコンサルティングファームでも、目標を押し付けられたことはありません。常に「自分が何をやりたいのか」と問われ続ける環境で、主体性を持ってやり切ることができました。

子供の頃、「将来何になりたい？」という質問をされたことがあると思います。宇宙飛行士でもお花屋さんでもプロ野球選手でも、答えることができる。しかし「どんな人になりたい？」と問われることは、あまりなかったのではないでしょうか。

宇宙飛行士になるにしても、お花屋さんになるにしても、プロ野球選手になるにしても、大事なのはその職業に就くことではなく、その過程を経て「どんな人になりたいのか」です。

自分がどうありたいかが明確でなければ、途中であきらめてしまうかもしれない。夢に敗れたときに、自分という存在を見失うようなことにもなるかもしれません。夢を達成しても、その後の生きる目標が見つからず落ち込むかもしれません。理想の職業に就くことができたとしても、それが本当に幸せかどうかはわかりません。

偉大な人の目的は偉大になることではない

マザー・テレサは、「世界平和のために何をしたらいいのか？」と聞かれて、こんな言葉を残しています。


帰って家族を大切にしてあげてください。

この世で最大の不幸は、戦争や貧困などではありません。

人から見放され、「自分は誰からも必要とされていない」と感じることなのです。


銃や砲弾が世界を支配していてはいけないのです。

世界を支配していいのは、愛なのです。

100人に食べ物を与えることができなくても、1人にならできるでしょ？

この世界は、食べ物に対する飢餓よりも、愛や感謝に対する飢餓のほうが大きいのです。

神様は私たちに、成功してほしいなんて思っていません。

ただ、挑戦することを望んでいるだけよ。

いずれにせよ、もし過ちを犯すとしたら、愛が原因で間違ったほうが素敵ね。


どんな人に会っても、まずその人の中にある美しいものを見るようにしています。

この人の中で、いちばん素晴らしいものはなんだろう?

そこから始めようとしています。

そうすれば、必ず美しいところが見つかって、私はその人を愛することができるようになります。

これが私の愛の始まりです。


成功とは、大きなことを成し遂げて偉大な人になること。まずはそうした考え方を変えることが大切です。自分の人生における成功を定義して、そこからぶれずに進む。偉大な人たちは、そう生きた結果、人に称賛されたのであって、偉大になることを目的としていたわけではありません。

世界最高のビジネストレーナーといわれるブレンドン・バーチャード氏は著書『自分に自信を持つ方法』の中で、幸福感に満ちた90歳の女性に出会った出来事を紹介しています。

彼は、2時間にわたって小学生のグループを相手に嬉しそうに働く彼女に質問します。

「なぜそんなに元気なんですか？　どうしたら子どもたちに、それほどまでに素晴らしい影響力を持てるのですか？」

「ブレンドン。人生でいつも欲しいと思っているあらゆるエネルギーや影響力は、たった1つのことにコントロールされているのよ。最高の自分として意図的に行動を起こしているか否か。人格から流れ出る部分は、気品であり、愛であり、その部分に幸せや意味が見つけられるのよ」

自分の内側の世界が外側の世界をつくり出す。常に「自分がどんな人間になりたいのか？」を問い続け、そこに向かっていくことが、豊かな人生を生きる上でのファーストステップです。

熱狂の炎を消さないために

リーダーの熱狂が瞬間的に終わるのか、強い炎として広がるのか。リーダー自身だけではコントロールできない瞬間が必ず来ます。そのとき、自分が人生で大事にしていることと目の前の行動が一致していなければ、それ以上続けられません。「踊っているのは俺だけか。恥ずかしい、やめよう」と止まってしまう。

そうならないためには、ぶれない判断軸が必要です。

判断軸とは何か。いろいろな概念がありますが、「自分自身がどうありたいのか」を定義できれば、どんなものでもいいと思います。本書では、「ビーイング（ありたい姿）」「ビジョン（実現したい未来）」「バリューズ（行動基準）」と定義してお話しします。

私の周囲の経営者でも、これらを定義したことによって、意思決定の基準がはっきりした、意思決定のスピードと質が上がったという人がたくさんいます。

ある方は、個人としての短期的な目標達成能力は高いけれど、チームのメンバーに必要以上に強く当たってしまうと悩んでいました。相手を傷つけ、それによって自分も傷ついてしまう。

彼はビーイングを定義する過程で、自分が周りの人を傷つけてでも目標達成に走ろうとしていたのは、そうしなければ安心・安全を得られないと思い込んでしまっていたからだと気付きました。

「自分の幸せはこういうものだ」と定義できたときに、「焦らなくていいんだ」と思えた。そうして大事にすべきこととそれほど意識を向けなくてもいいことを、区別できるようになった。自分の幸せにフォーカスすることによって、周りの人ともお互いの強みを生かし合うことができるようになった。そうしてチーム全体の雰囲気が良くなり、生産性も上がったそうです。

最高の瞬間を意図的に再現するために

ドゥーイングより先にビーイングを考える

仕事でもプライベートでも、「何をやりたいのか（Doing）」を決めることはあると思いますが、「どんな存在でありたいのか（Being）」を言語化できている人は多くありません。幸せとは、行動の結果ではなく心の状態です。幸せを得るためにも、まずはビーイングを決めてから、ドゥーイングを決めるというアプローチが重要です。

ここでは、ビーイングとして**「どんなインパクトを与える、どんな存在でありたいのか」**を決めます。

ビーイングを定義するという行為は、自分の心や体が喜びで満たされる瞬間をイメージし、その姿を言語化することです。人は、言語化できなければ意識化できません。そして、意識化できなければ、その心の状態を意図的に再現することはできません。

ん。

まずは、これらの質問に答えることから始めてみましょう。その答えは、以降で考えるビジョンやバリューズの土台にもなるものです。

Q1 あなたは誰ですか？

Q2 あなたの人生で、本当に大切なものは何ですか？

Q3 あなたの人生における、成功とは何ですか？

頭で難しく考えず、心が感じるままに書き出してください。ここで書き出したものが絶対というわけではなく、繰り返しブラッシュアップしていきます。

次からは、具体的なビーイングのつくり方を説明していきます。リラックスできる場所に座り、深呼吸をして、心と体に意識を向けながら考えてみてください。

ワーク① 人生で最も輝いた瞬間を思い出す

一つ目のワークは、「これまでの人生の中で、最も輝いた瞬間を思い出す」というものです。

Q1 あなたが、これまでの人生で最も輝いた瞬間はいつですか？

学生時代でも、社会人になりたての頃でも、いつの経験でも問題ありません。まずは三つ程度、思い出深いシーンを思い出します。五感を使って、そのときの情景をイメージしてください。タイムスリップして、**もう一度同じ体験をしながら、そのときの心の状態を感じます。**

ある人は「文化祭の合唱で指揮者をしたときに、すごく満たされた」と言いました。体で再現すると、そのときの心の状態が浮かび上がりやすくなります。満たされた瞬間の動きを再現してもらうと、「こんな感じ」と指揮棒を振る動きをしました。

「そのとき、誰がいましたか？」

「クラスの同級生」

「どこにいましたか？」

「駐車場だった」

「周りはどんな様子でしたか？」

「本番が終わった後で、ほかのクラスもみんな集まってた」

「どんな瞬間に満たされましたか？」

「自分たちが歌ったら、ほかのクラスも合わせて歌い出して、みんなが一つになったとき」

「その瞬間のポーズで止めてみてください」

「こうだね」

「今、どの辺りで心が動いていますか？」

「なんとなく、胸の辺りがぐるぐると」

「それを色で表現すれば何色ですか？」

「白っぽい色」

「温度は高いですか？　何度くらいのイメージ？」
「結構熱いです。50〜60度くらい」
「それに名前を付けると何ですか？」
「勾玉《まがたま》ぐるぐる」

こうして、ぼんやりと捉えていた幸せな感情がネーミングされました。満たされた場面を複数思い出し、それぞれの瞬間の自分の感情を抽出して言語化していく。それがビーイングの材料になります。

思い出したシーンごとに、次の質問に答えてみてください。

Q2 **あなたはどこにいて、何をしていましたか？**
Q3 **誰と一緒にいましたか？　周りにいる人たちはどんな表情や姿でしたか？**
Q4 **どんな瞬間に、満たされた気持ちを感じましたか？**
Q5 **その瞬間の体の動きを再現してください。どんなポーズをしていましたか？**
Q6 **そのとき、どんな感情があふれていましたか？**

Q7 **その感情は、体のどこで、どんな動きをしていますか？**
Q8 **その感情はどんな色ですか？　温度は何度くらいですか？**

実際に聞いていくと、「胸の奥でマグマが爆発しているような状態」「体の内側から外に、風船が飛び出しているようなイメージ」というように、さまざまな表現が出てきます。

それをもとに、先ほどの「勾玉ぐるぐる」の例のように名前を付けてみましょう。**ネーミングすることで、その心の状態をいつでも意識化できます。**格好良い言葉である必要も、ルールもありません。実際の例でも「発作マグマ」「ボスライオン」「発光」などさまざまです。

ワーク②　幼少期に熱中していたことを思い出す

二つ目のワークは、幼少期の記憶に入り込むものです。中国でも、「5歳児に戻る」という修行があるそうです。

大人から「こういう人間になりなさい」と期待されたり、頭で考え、計画を立てて行動したりするようになるよりも前、過去や未来は一切考えず、今を精いっぱい生きていたとき、幼稚園から小学生の低学年の頃の記憶です。絵を描いていた、ジャングルジムに登っていた、かくれんぼで息を潜めて隠れていた、図書館で好きな本を読み漁っていた、工作が楽しかった。夢中になって取り組んでいたことを思い出しましょう。

Q1 あなたは、どこで、どんなことに熱中していましたか？

Q2 そのとき、誰と一緒にいましたか？

そして、そのシーンを体の動きで再現します。夢中で絵を描いていたのであれば、同じように絵を描く動きをしてみましょう。かくれんぼをしていたのであれば、隠れていたときのポーズをしてみましょう。

Q3 そのとき、体のどこで、どんな感情があふれていましたか？

その感情に、名前を付けてみましょう、これも、「『チャーリー』というキャラクターのイメージがある」『LIFE』みたいなイメージです」など、人によって表現はバラバラです。

共通点は、「好奇心」です。子供は、「ワクワクすること」「楽しいこと」を見つけ出す天才です。大人になると、そのような感情を押し殺して「正しい」道を選ぼうとしますが、前述したように、**「楽しい」という感情がなければ脳は反応しません。**

ワクワクする気持ちや感情がどのようなものかわからなくなったときには、子供の頃、何かに熱中していたときの心の状態を意識して過ごしてみましょう。今でも、楽しさへと導く道標となってくれるはずです。

ワーク③　人生最期の瞬間を想像する

三つ目のワークは、人生最期の瞬間を体験するものです。

人生を終えようとするとき、**ベッドで横たわる自分の周りに大切な人たちが集まっている**状況を想像してみてください。そこに、自分がどうありたいのか、どんな人生を歩みたいのかのエッセンスが詰まっています。

このワークも、五感を使って未来の一日の中に入り込むことが重要です。寝転んで、次の情景を想像してみましょう。

晩年のある日。あなたは温かい日差しを感じながら、自宅のベッドに横になっています。自分でも人生の残された時間がわずかであることを感じ取っています。周りには、たくさんの親しい人たちが集まってくれています。

Q1 あなたの周りには誰がいますか？ その人たちはどんな表情をしていますか？

Q2 その人たち一人ひとりが、順番にあなたの手を取り、話し掛けてくれています。あなたはどんな人だったか、あなたとの最高の思い出はどんなものだったのか、あなたがいたことで、自分の人生がどのように変わったのか。あなたは、どのように言われたいですか？

Q3 あなたが自分で誇らしいと感じる、人生で成し遂げたことは何ですか？

Q4 今、あなたの中で、どんな感情があふれていますか？

「理想の自分」に名前を付ける

どんなインパクトを与える、どんな存在か

前述の三つのワークで人生を振り返り、幸せを感じる心の状態に向き合った上で、次の質問に回答してみてください。これらの質問に答えることで、自分が幸せを感じる状態をありたい姿に落とし込むことができます。

Q1 あなたは誰ですか？

Q2 あなたを通して、何が変わろうとしていますか？

Q3 あなたは誰ですか？

それぞれ2分間など時間を決めて、書き出せるだけ書き出してみましょう。一つ目

と三つ目は同じ質問ですが、二つ目の質問を挟むことで、違う答えが出てくることがあります。

私の場合は次のようになりました。

Q1 あなたは誰ですか？

「いちばんになる人」「人をいちばんに導く人」「やり切る人」「チャンピオン」「場をコントロールする人」「人の情熱に火を付ける人」「トップ」「王者」「ライオン」「強い人」「温かい人」「ビジョナリーな人」

Q2 あなたを通して、何が変わろうとしていますか？

「人の情熱に火が付く」「自分らしく、輝いて生きる人が増える」「一人ひとりがプロとして活躍できる」「人の潜在能力が開花される」

Q3 あなたは誰ですか？

「人の情熱に火を付け、潜在能力を開花する人」「人の潜在能力を爆発させ、その人らしく輝いて生きる状態へ導く人」「人を本気にさせる人」

最後に、ここまでに書き出した言葉を眺めながら、次の文章にまとめます。

「私は、〇〇する（どんなインパクトを与える）、△△（存在）です」

「〇〇する」の部分には、自分がどのような影響を与える存在でありたいのか、思い付くままに書き出します。「人の情熱に火を付け、潜在能力を開花させる」「前に立ち、次の産業をつくり続ける」「人類の幸福のために、意志ある人と人を繋ぎ、変化の波を起こす」など、自分に合った表現で言語化します。

「△△」の部分には、自分のありたい姿を比喩で表してみましょう。漫画のキャラクターや歴史上の人物、ハリウッドスター、動物など、どのようなイメージでも大丈夫です。

私の場合、ビーイングを「人の持つ可能性を爆発させ、未来の憧れとなる人と組織を生み出すパッチ・アダムスです」と定義しています。

人の可能性を爆発させることが、私にとっての喜びを感じるポイントです。人の持つ力を最大限に発揮させ、その人やその組織が未来の子供たちの憧れになる。そういった支援をしたいと思っています。

また、私は『パッチ・アダムス』という映画が好きです。パッチ・アダムスはアメリカの医師で、クリニクラウンという「笑い」を取り入れた治療を世界に広めた第一人者です。彼のように強い専門性を持つことに加え、愛情や笑いを通して、人の可能性を引き出し、心の豊かさを高める存在でありたいと思います。

これは仕事をするシーンだけではありません。子供や妻、誰と向き合う瞬間でも、ありたい自分でいることができているかを、常に考えるようにしています。

ビーイングによって行動が変わる

不思議なもので、人によって得たい感情には似通る要素がありますが、ビーイングとして表現された言葉は人と重なることがありません。「どんな存在でありたいのか」の部分を「キャプテン翼」と定義する人もいれば、「ライオンキング」とする人もいます。「ブルドーザー」という表現もありました。

「キャプテン翼」と定義したのは、ＩＴ企業の創業経営者で、10年くらい経営を続けている人でした。サッカーの経験者ではありません。

彼はフロントに立って営業することが得意でした。ただ、だんだん会社の事業が大きくなると、株主や社員から「もうフロントはいいから、会社を見てください」と言われるようになります。そこで古典の本をたくさん読んで勉強しましたが、理想の経営者像に近づけない自分にもどかしさを感じていました。

そうした悩みから、ビーイングを定義することになりました。私からいろいろと質問をしていくと、「フロントで切り拓きたい」という言葉が出てきました。

「サッカーで言うと？」

「フォワードです」

「『キャプテン翼』で例えたら誰ですか？」

「翼」

経営者は監督のように外にいるのではなく、フロントにいるもの。それに、会社をフラットな組織構造にしたい。フロントで時代を切り拓く役割と、キャプテンとしてチーム全体を見る側面。両方を考えると、ストライカーでありキャプテンでもある翼というイメージがしっくりくるということでした。

「自分のことは自分がいちばんわかっていない」といわれるように、自分を客観視することは難しい。**ありたい姿を何かに例えたときに、自分の行動や思考を定義できる**ようになります。

仮に「世界を変える」という思いを持つ人がいたとします。極端な話、そのためにガンジーをイメージする人もいれば、ヒトラーをイメージする人もいます。その違いによって、非暴力に周りを信じて生きるのか、権力を誇示して服従させてでも周りの人を巻き込むのか、行動の基準は変わってくるはずです。

「好きなこと」と「人の役に立つこと」を近づけていく

人は不合理、非論理、利己的です。
気にすることなく、人を愛しなさい。
あなたが善を行うと、利己的な目的でそれをしたと言われるでしょう。

気にすることなく、善を行いなさい。
目的を達しようとするとき、邪魔立てする人に出会うことでしょう。
気にすることなく、やり遂げなさい。
善い行いをしても、おそらく次の日には忘れられるでしょう。
気にすることなく、善を行い続けなさい。
あなたの正直さと誠実さとが、あなたを傷つけるでしょう。
気にすることなく、正直で誠実であり続けなさい。
助けた相手から、恩知らずの仕打ちを受けるでしょう。
気にすることなく、助け続けなさい。
あなたの中の最良のものを世に与え続けなさい。
蹴り返されるかもしれません。
気にすることなく、最良のものを与え続けなさい。
気にすることなく、最良のものを与え続けなさい……。
あなたは、あなたであればいい。

マザー・テレサ

ビーイングは、一度決めたら変えてはいけないということではありません。幸せを感じる要素は何歳になっても大きく変わりませんが、表面上の部分はブラッシュアップしていきましょう。一度ビーイングを決めて、それに沿った行動をする中で「こういう言葉のほうがしっくりくるな」といったことがあれば、改めて定義します。それがよりビーイングを明確にしていくことにもなります。

大切なのは、**どのような状況でも、自分のありたい姿で生きると決断する**ことです。

ダライ・ラマは「修行とは何か」を問われたときに、「自分が大好きなことを、誰かのためになる方向へ寄せていくこと」と答えたそうです。

子供の頃は、大好きなことと誰かのためになることは、別々に存在していました。それを近づけていくことが、自分のありたい姿で幸せに生き続ける上でのポイントなのかもしれません。

外部環境は「解釈」で変わる

身の回りの事象にどんな意味付けをするか

あなたの許可なくして、誰も、あなたを傷つけることはできない。

エレノア・ルーズベルト（フランクリン・ルーズベルト元大統領夫人）

人間は物事をありのままに見ているのではなく、自分が見たいように見ているといわれます。**人生の質は、周りで起きることや行動の成果ではなく、その事実をどう解釈するかで決まる。**人生の限られた時間の中で、何に意識を向けるのか、それも自分が決めることです。

嫌がらせを受けたり、理不尽な指示をされたりしても、その事柄のどこに着目し、どう解釈するかは自分次第です。「傷つけられた」と意味付けをするのか、それとも

「一つの学びだ」と捉えるのか。自分の解釈次第で、外部環境は変わります。

大学のアメフト部では、自分が活躍してチームに貢献したいという思いもありましたが、それ以上に、「部活を辞めたい」という人と向き合うことに注力していました。辞めたくなる理由は、ある程度共通しています。入部して1年くらい経てば、チームの中での序列が見えてきます。「こんなに辛い思いで練習をしているのに、どうせ試合では活躍できない」。であれば、これ以上やっても意味はないとあきらめてしまう。

私は彼らに対して、このチームにいることをどう捉えているのか、自分なりの解釈で話しました。

試合に出るか出ないかは、長い人生においてはどうでもいいことです。人生を見れば、大学4年間よりも社会に出て働く時間のほうが圧倒的に長い。部活で得られるのは、試合に出る楽しさや思い出だけではありません。

それよりも、強い組織をつくるための仕組みを知ることや、マネジメント能力を高めることのほうに価値があります。それに、今までできなかったことができるようになるという、成功のサイクルを体験できます。こうした学びは、これからの人生でずっと役立つはずです。

これはあくまで私の考えで、なぜ部活をするのかという意味付けは人それぞれです。「どう生きたいのか」「どんな人生を歩みたいのか」に向き合ったときに、部活に励む時間がどんな意味を持つのか。それを考えることで、みんな部活を続ける選択をしました。

私が大学4年生のとき、やはり同じポジションの後輩から「辞めたいです」と相談を受けました。彼はとても熱心で誰よりも練習を頑張っていましたが、スタメンポジションになることはできていませんでした。

人間はいきなり身体能力を劇的に変化させることはできません。例えば50メートルを8秒で走る選手が、1年で6秒台を出すことは難しい。

しかし、事実を変えられなくても解釈は一瞬で変えることができます。彼は部活を通して得られる価値を、試合に出る一時的な喜びだけではなく、自分のありたい姿の実現に向けた学びの機会だと再定義しました。

彼は結果的に部活を続け、私が引退した後には選手を辞めてマネジャーとしてチームに貢献する道を選びました。マネジャーは200名近い部員の取りまとめ役であり、学内外の関係者ともコミュニケーションを取りながらチーム運営を支える重要な仕事です。

その後、私が社会人になって2年経ち、後輩の最後のビッグゲームを見に行きました。そのとき彼はスタンドにいる私の前に走ってきて、「岸さん、あのとき辞めなくて良かったです」と言ってくれました。そのときの彼の、自信に満ち、いきいきとした姿が印象的でした。

作家マルセル・プルーストは、「真の発見の旅とは、新たな土地を見つけることではなく、新たな目で見ること」だと言いました。

同じものでも、自分の心の状態によって、楽しくも悲しくも見える。**幸せや成功を決めるのは、自分の心**です。自分の外を変えるのではなく、内にある世界をどういう状態に変えるのか。それ次第で、未来は幸福にも不幸にもなるのです。

今の自分は過去の自分の行動選択の結果

人間の脳の変化は、真っ白なゲレンデにシュプールを描いていくようなものだといわれます。

私たちは1日に1万回決断をし、そのうち9割以上は無意識の決断です。「どうやって歯磨きをするか」をいちいち考えることはなく、無意識に体が動きます。一度何かの判断を下すことで、そこにルートができる。**繰り返し同じところを滑れば、どんどん溝は深まります。**

こうした脳の仕組みから、快楽を得たり、痛みを感じたりした経験が記憶として残り、自然と外部からの情報を自動処理するようになります。特に「ネガティブバイアス」といって、ポジティブな情報よりもネガティブな情報のほうが5倍以上も影響を受けやすく、マイナスなことほど記憶に残るといわれています。

例えば、赤ちゃんが台の上で遊んでいたとします。初めは楽しく遊んでいますが、そこから落ちると痛みで泣いてしまう。それを繰り返すうちに、「高いところから落ちると痛い」と記憶され、その後無意識でも高いところに登らなくなります。こうやって脳のOSに危険を避ける行動がプログラムされます。

私の次男が3歳のとき、海で初めて大きなカニを見て興奮していました。直接つかんで遊んでいると、カニに手を挟まれてしまって大泣き。このとき初めて彼の脳に、

「カニ→ハサミ→挟まれる→痛い」というプログラムが記録されました。6歳になった今でも、カニには怖がって近づきません。

肉体的な痛みではなく精神的な痛みでも同様です。小学生のときに発表会で笑われた経験から、今でも人前で話すことが苦手という人もいるでしょう。

このように、人間の脳では、**過去の記憶をもとに、痛みを避けるためのプログラミング**がされていきます。これは、原始の時代から脅威に満ちた環境を生き抜くには、できるだけ臆病であることが最適解だったからといわれています。現代でも、脳の基本構造は変化していません。リスクへの過剰な反応が、自分の可能性を広げる行動を制限してしまっていないか、注意が必要です。

いまの自分がいるのは、自分の過去の行動選択の結果です。行動の9割以上を占める無意識の決断が望ましい結果に繋がっているのであれば、理想の現実があるはずです。望ましい結果ではないのだとすれば、無意識の行動を変える必要があります。

当然としている思考の癖に、自覚的にならなければいけない。「自分はこういうやり方なんだ」「こういう捉え方なんだ」と、やり方や考え方を変えずに行動量だけ増やしても、何も改善しません。

理想の未来をクリアに描く

では、どのように自分の思考や無意識の判断を変えていくのか。そこで必要なのが「ビジョン」です。

人間の脳には「過去」や「未来」といった時間軸の概念がありません。**未来のイメージであっても、本当に経験したようにクリアに描くことができれば、それが記憶として残ります。**

また、先ほどお伝えしたように、脳は「楽しさ」を大きな判断基準としています。「このイメージを実現することが感情報酬に繋がる」という意識が働くと、関連する情報を自動的に集めるようになります。そして、自然と理想の未来に向けた行動を優先するようになります。

ある人は、出身地の岐阜でリニアモーターカーが開発されるということもあり、「岐阜に戻って、30年後には地域の発展に貢献していたい」とビジョンを決めました。すると都内で岐阜県民が集まるイベントがあることを知り、参加してみました。そこでビジョンについて相談すると、「実はすでに地域の未来を話し合う有識者会議が始まっている」と教えてもらい、そこに参加できるようになったそうです。

「こう生きたい」「こうありたい」と強くイメージすることによって、必要な情報や経験を引き付けられるようになります。そうして**インプットが変わり、判断が変わり、行動が変わる**ことで、理想の未来へ近づいていきます。

理想の未来を可視化する

ビジョンの材料を洗い出す

ここから、ビジョンの具体的なつくり方を説明します。

ビジョンは、定義したビーイングをもとに、それが未来のあるタイミングで実現しているイメージを表現したものです。文章に絵や写真を添えて、**「こんな状況が実現したとき、自分の心が喜びで満たされる」**というビジュアルをつくります。

ビジョンがクリアに描けていると、人生やビジネスにおける決断の迷いがなくなります。登る山の頂上が見えていることで、途中で多少道が逸れたとしても、すぐに軌道修正ができるようになります。

ビジョンの描き方にもさまざまな方法があり、これが正解というものはありません。ここでは、私のクライアントに提供して効果のあった手法をお伝えします。

ビジョンをつくるステップは、大きく分けて四つです。

STEP① ビジョンの材料を洗い出す
STEP② 人生の役割と各役割の目標を明確化する
STEP③ ウィッシュリストをつくる
STEP④ 未来ストーリーをつくり、ビジュアル化する

まずは、自分の人生の目的をキャンバスに描くための材料を洗い出していきます。

一般的に、ビジョンを「仕事・キャリア」の面だけで設計するケースもありますが、幸せな生活とは仕事だけで成り立つものではありません。私生活や人間関係も含めて、自分の人生全体を考えることが大事です。

①健康や運動

将来、身体面でどんな姿でいたいかを考えます。「30年後にも楽しく山登りをしていたい」「10年後も同じ体形を維持して元気でいたい」など、実現したい時間軸を踏まえて決めましょう。

②学びや成長

ビーイングとして定義したインパクトを与え続けるには、新たな成長や学びの機会が不可欠です。なりたい自分になるために、どのような学びや成長の機会を得たいのか。仕事以外でも、自由に書き出してみましょう。

③感情と時間

「春の暖かい日に、日光の当たるリビングで、仕事仲間とコーヒーを飲み、世界が注目する新たなサービスの発表に向けてワクワクしながら議論をしている」といったように、理想の未来の瞬間に入り込んで、匂いや気温を感じるように考えます。どんな

ビジョンの材料８項目

私生活	①健康や運動　②学びや成長　③感情と時間
人間関係	④恋愛関係　⑤子育て ⑥ソーシャルライフ（友人や家族との交流）
仕事	⑦キャリア　⑧経済状況

感情を感じ、どんな時間を過ごしていたいでしょうか。

④恋愛関係

夫婦、または恋人とどのような関係を築いていたいか、どのような時間を過ごしていたいかを考えます。

⑤子育て

子供がいる方、将来子供を持とうと考えている方は、子供とどのような関係で、どのような時間を過ごしていたいかを考えましょう。

⑥ソーシャルライフ（友人や家族との交流）

友人や両親、兄弟など、大切な人たちとの関係も考えます。そのような人たちと、どのような関係を築き、どのような時間を過ごしていたいでしょうか。

⑦キャリア

数十年後、どんなキャリアを築いていたいでしょうか。転職、起業、プロフェッショナルとして独立するなど、ワクワクするキャリアを描いてみましょう。

⑧経済状況

どの程度の資産を築いていたいのか、お金を稼いでいたいのか、経済状況についても考えてみましょう。現状からの予測ではなく、自由に理想を描いてください。

人生の役割ごとに目標を決める

ビジョン作成の二つ目のステップは、自分の人生で大切にしたい「役割」を書き出すことから始めます。仕事上での役割もありますし、父親・母親・子供、兄・姉・弟・妹という役割、友人間や地域コミュニティでの役割もあるでしょう。

ビーイングとして定義した姿は、誰に対しても、どのような状況でも自分がこうありたいと考える不変的な自分の姿です。一方で、ビジョンは自分のありたい姿で行動した結果広がる、ワクワクする世界を描くものです。例えば「人の可能性を爆発させるような存在」でいたいと考えても、父親として子供に対して向き合うことと、経営者として従業員に向き合うこととでは、見える景色は変わるはずです。

ビーイングを決めるワークの三つ目、自分の最期の瞬間を想像する過程を思い出してみてください。周りには大切な人が集まっていました。その人たちとの関係は、あなたが重要な役割を担うことで築いてきたものです。**自分の人生で重要な役割**とは、何でしょうか。

役割を書き出したら、役割ごとに、「自分はどんな人でありたいのか？」「どんなインパクトを与えたいのか？」を整理します。

例えば、父親という役割を大事にしているのであれば、まず、その役割の上でどんな人でありたいのかを考えます。

「夢は叶うということを背中で語り、誰よりも自分の人生を楽しんで生きる姿を見せ、子供たちの目標になりたい」
「子供たちに自分のやっていることを、胸を張って話せる人でありたい」
「母（妻）を最も愛する人でい続けたい」

次に、どんなインパクトを与えたいのかです。

「自分の可能性を疑わず、何でもできるという自己効力感を高める機会を与える」
「世界の広さを伝える」
「子供の持つ可能性を最大化させる、最高の教育環境を提供する」

誰に対して、どのような存在でありたいのか、どのような影響を与えたいのかを書き出すことで、実現したい未来をよりクリアに描けるようになります。

心から願ったことしか叶わない

100個の「やりたいこと」

ビジョンをつくる三つ目のステップが、「ウィッシュリスト」の作成です。ウィッシュリストとは、人生の中で自分が手に入れたいもの、やりたいことなど、「願望」や「夢」、「目標」を書き出したものです。

人生でやりたいことを思い付くままに100個、なるべく具体的に書いていきます。例えば「アフリカに行きたい」というのではなく、「ケニアにサファリを見に行きたい」と、その姿がイメージできるように考えます。

実際につくってみると、だいたい20個くらいでいったん手が止まり、30個書くのがやっとです。思い付かなくなったら、ビーイングをつくるときに言語化した最高の瞬間に感じる感情を思い出してみましょう。どのような行動や経験をすれば、そのような心の状態になるでしょうか。

100個書くのはかなり大変ですが、書き終えるといろいろな発見があります。

日々、何かに思い悩むのは、自分の中での理想にたどり着けない不安があるからです。書き出してみることで、これまで理想としていたことが大して重要ではないと感じたり、明日からでもできることが実は自分の中ですごく大切なことだと気付いたりします。その内容が全て叶ったと想像すると、どのように感じるでしょうか。そのリストの中で、特に大事な夢や目標は何でしょうか。

ウィッシュリストの項目例

- ☑ スーパーボウルを生で観戦する
- ☑ 子供の成長や活躍を妻と見守り続ける
- ☑ 子供たちに最高の学びの機会を提供する
- ☑ 家族でケニアに行きサファリを見る
- ☑ 家族でオーロラを見る
- ☑ 人の可能性を爆発させる世界一のコーチになる
- ☑ 友人と会社を創業して成功させ、その知見を世界に広げる
- ☑ 世界中に会社をつくり、遊ぶように働く
- ☑ ベンチプレスを 120Kg 上げる
- ☑ 森の中で目覚めて、朝ヨガをする生活をする

意識をストレッチさせる

ウィッシュリストを作成する上で大切なのは、意識をストレッチさせることです。自分の過去の経験から「これくらいの山なら登れるかな」と高尾山登頂のビジョンを描くのではなく、「もしエベレストに登ることができたら」と考えてみる。そうして「楽しそう。人生1回だけだ。やってみたい」となれば、「今まで高尾山を登るために準備していたけれど、エベレストだったら、いますべき行動はこっちだな」と変わる。これまでの生き方の積み上げではたどり着けないと知ることで、違うアプローチを考えるようになります。

ウィッシュリストを書く中では、「年収1000万円」「チームの売り上げ1億円」といったように、定量的な項目も出てきます。それを「みんなで10億円の売り上げを達成したときってどんな感情になるだろう?」と広げてみます。

大切なのは、10倍の喜びが得られる経験とはどんなものだろうと考えてみることです。目標が大きいほど良いということではありませんが、**意識的に拡大してみること**

で、本当に味わいたい感情が見えてきます。

何か始めようとすると、「頭」が「心」に制限を掛けることが多くあります。頭から描くと、自分でできることをベースに考えてしまいますが、心で描けば自分だけでは実現できないことも考えることができます。

いったん「頭」の枠を外して、ワクワクする「心」の状態を思い描き、その上で、どうやったら実現できるのかに「頭」を使いましょう。そうして、周りを巻き込むアプローチを自然と考えるようになります。

暗い気持ちになるのは「夢が叶わないから」ではない

ウィッシュリストをつくることには、ビジョンをつくるという意味以外にも二つの効果があります。

一つは、どのような経験ができれば最高の人生だと言えるのかということに対して、自覚的になれることです。何事も**「想像」できなければ、「創造」できません。**自分が本当に求めていることが何かを自覚することが、最高の人生を実現させるファーストステップです。

もう一つの効果は、自分の人生の夢や目標に向き合う時間が、自分の心を前向きなものに変えるということです。

人が暗い気持ちになるのは、夢が叶わないからではありません。自分が心から実現したいと願う夢や目標がないからです。

壮大な夢や目標ではなくても、こんなことができればいいなと、ワクワクすることを考えてみる。やってみたいことが思い浮かべば、できることからスケジュールに加えましょう。

夢や目標は、自分が心から願わなければ、決して叶うことはありません。一度切りの人生です。大きなものも小さなものもあっていい。まずは100個書き出してみましょう。

「未来の自分が見ている景色」を描く

「5年後」「30年後」どんな生活をしているか

ビジョンづくりの最後のステップは、未来ストーリーの作成とビジュアル化です。まずは、ビーイングで定義した内容、役割ごとのありたい姿と目標、ウィッシュリストなど、今まで言語化した内容を見返しながら、ビジョンが実現している未来を想像して文章化します。**最高の人生を生きている自分が、未来のある時点で見ている景色を細かく描写していく**イメージです。

講演家として活動するある方は、満員の会場で講演会をする未来ストーリーを描きました。

「現在ハワイに住んでいるが、今日は日本で年に2回開催する講演会のために帰国。会場の代々木第一体育館へ着くと、自分の話を聴きに来た1万人近い参加者が、今か今かと開場を待っている。

会が始まると、司会者が今日のプログラムの流れを説明。自分の弟子や仲間の講演、ダンスイベントなどもあった後、まばゆい光と共に登場し、会場の興奮は最高潮に。

公演中、会場は笑いと感動に包まれ、会場全体が一つに繋がっていく不思議な感覚になる。

イベント終了後には、自分の前に多くの参加者の列ができる。みんなとても喜んでくれて、この人たちの人生にプラスの影響を与えることができたのだと、自分も強い達成感を覚えた。

講演が終わった後はホテルのスイートルームで過ごして、最上階のバーで軽くお酒を飲んだ。翌朝、昨日を思い出しながらコーヒーを飲んでいると、スマートフォンにはたくさんの人から感謝の連絡が届いていた」

未來ストーリーは、5年後と30年後の2パターンつくります。

まず、5年後の未来ストーリーを考えることには、「3年サイクル」を越える意味があります。中学・高校が3年制であるように、人は3年後を想像しやすい。それが5年後となると、現在とは違う状況を想像できます。5年あれば起業から上場も可能ですし、英語を話せない状態から海外を飛び回るようになることもできます。現在では無理だと思うことでも、イメージしやすくなります。

また、人生は、だいたい20年ごとに節目があります。最初の20年は成長・学びの時間。社会に出てから40歳までが働き盛り。40歳から60歳に収穫期があって、60歳から80歳は人生のしめくくり。

その中で、20年までの未来を考えると、今のステージで見えているものの延長線上でイメージしてしまいます。30年にしてワンサイクル超えることで、この20年に何が大事なのかがわかります。

最高の未来にはどのような景色が広がっているか、5年後、30年後を想像して思い付くままに書き出してください。イメージしづらい場合は前述の「ビジョンの材料8項目」を見返して、加えられる項目がないか考えてみましょう。

効果的なビジョンに必要な視点

世の中には、さまざまなビジョンが存在します。こういう長さ、描き方が正解というものはありませんが、きちんと機能するために、いくつかのポイントがあります。「SMART」という枠組みで、出来上がった未来ストーリーをチェックしてみてください。

Sは「シンプル」。小難しい表現ではなく、わかりやすい文章です。

Mは「ムーブ」。そのビジョンを目にしたときに、ワクワクして、やる気になることです。

Aは「アクション」。決意や決断を促し、行動に繋がることです。何もしなくてもたどり着けるビジョンであれば、描く意味もありません。少しピリッとした、「その景色を見てみたいから頑張ろう」という気持ちになれることが大事です。

Rは「リアル」です。過去に経験した出来事のように、クリアにイメージできることです。

Tが「タイム」。「いつかの憧れ」ではなく、時間軸を持っていることが重要です。「これができればいいな」ではなく、確信を持って「こういうことを、いつまでにやるんだ」と可視化するイメージです。

せっかく考えたビジョンを絵に描いた餅で終わらせないように、こうした基準で見直し、磨き込んでいきましょう。

未来をビジュアル化する

ビジョンづくりの最終段階として、書き上げた未来ストーリーを、絵本のようにビジュアル化します。

ビジョンはSMARTに

S（シンプル）	わかりやすい
M（ムーブ）	やる気になる
A（アクション）	行動に繋がる
R（リアル）	クリアにイメージできる
T（タイム）	具体的な時間軸を持つ

未来ストーリーの横に、イメージに合う絵を描いたり、写真やイラストを並べたりして、ビジュアルで表現します。

例えば、自分が提供するサービスが社会に広がっているイメージをするのであれば、そのサービスを受けて喜んでいる人のイメージに合う写真を貼る。家族や友人と仲良く過ごしているイメージであれば、ホームパーティーや団欒《だんらん》のイメージに合った絵を描く。ネットで画像検索するのでも、雑誌の写真を使うのでも、自分で描くのでも問題ありません。

文章として考えた未来ストーリーには、表現し切れない部分もあります。それをビジュアルにすることで、よりイメージが整理され、クリアになります。また、脳は「楽しいこと」と「明確なこと」を優先します。ビジョンをビジュアル化することで脳へ強く意識付けし、望ましい行動を引き出す効果があります。

ビジョンだけではなく、ビーイングとして定義した内容を絵に描いてみるのも効果的です。普段の生活の中で振り返ることで、脳にダイレクトにインプットされ、意識付けがさらに進んでいきます。下手でも問題ありません。自由に描いてみてください。

ビジュアル化したビジョンの例

家族は皆、心身共に健康で、妻も自分も歳をとるごとにますます元気になり、二人で山を登ったり、テニスをしたり、絵を見たり、コンサートに行ったり、旅行をしたり、様々な趣味を一緒に楽しんでいる。今も先日の山登りの後の心地よい筋肉痛を感じている。
毎日、次は誰と、どこに行こうかと、妻と計画を立てている。

家族ぐるみの親しい友人が何人もいて、定期的に家族で旅行に行ったり、ホームパーティーをしたりして楽しんでいる。料理の腕前もかなり上がり、自分で育てた野菜を使った料理が子供や孫、友人たちに評判で、毎回、かなり時間をかけて仕込み、最高の料理を作って振る舞うことに喜びを感じている。

自身が直接支援したクライアントも1000社を超え、働きがいのある会社の上位は、過去支援したクライアントが独占しており、
各組織で人が生き生きと働いている。

自分がコーチやメンターとして関わった人の多くが、若い世代のロールモデルとして活躍している。

成功モデルが本や映像として世界に広がっており、国内外の様々な企業や組織から、支援の依頼が来ている。
社内では、若い世代のメンバーが活躍して、世界中のクライアントへ良いインパクトを与え続けている。

最短ルートを進むための「行動基準」

「人生曲線」で自分の価値観を知る

バリューズは、実現したい未来に向けた価値基準であり、日々の行動判断の基準となるものです。

人生の変化は、行動でしか生めません。ビーイングやビジョンといった「実現したい未来」だけを考えていても抽象度が高く、行動判断の基準とするのは難しいでしょう。「愛を与える存在でありたい」と思っていても、「愛のある行動とは何か」を言語化できなければ、それを実行することはできません。

バリューズをつくるために必要なのは、行動の基準となる自分の価値観や信念を知ることです。それを言語化するために、まずは「人生曲線」を描いて人生を振り返り

人生曲線（著者の例）

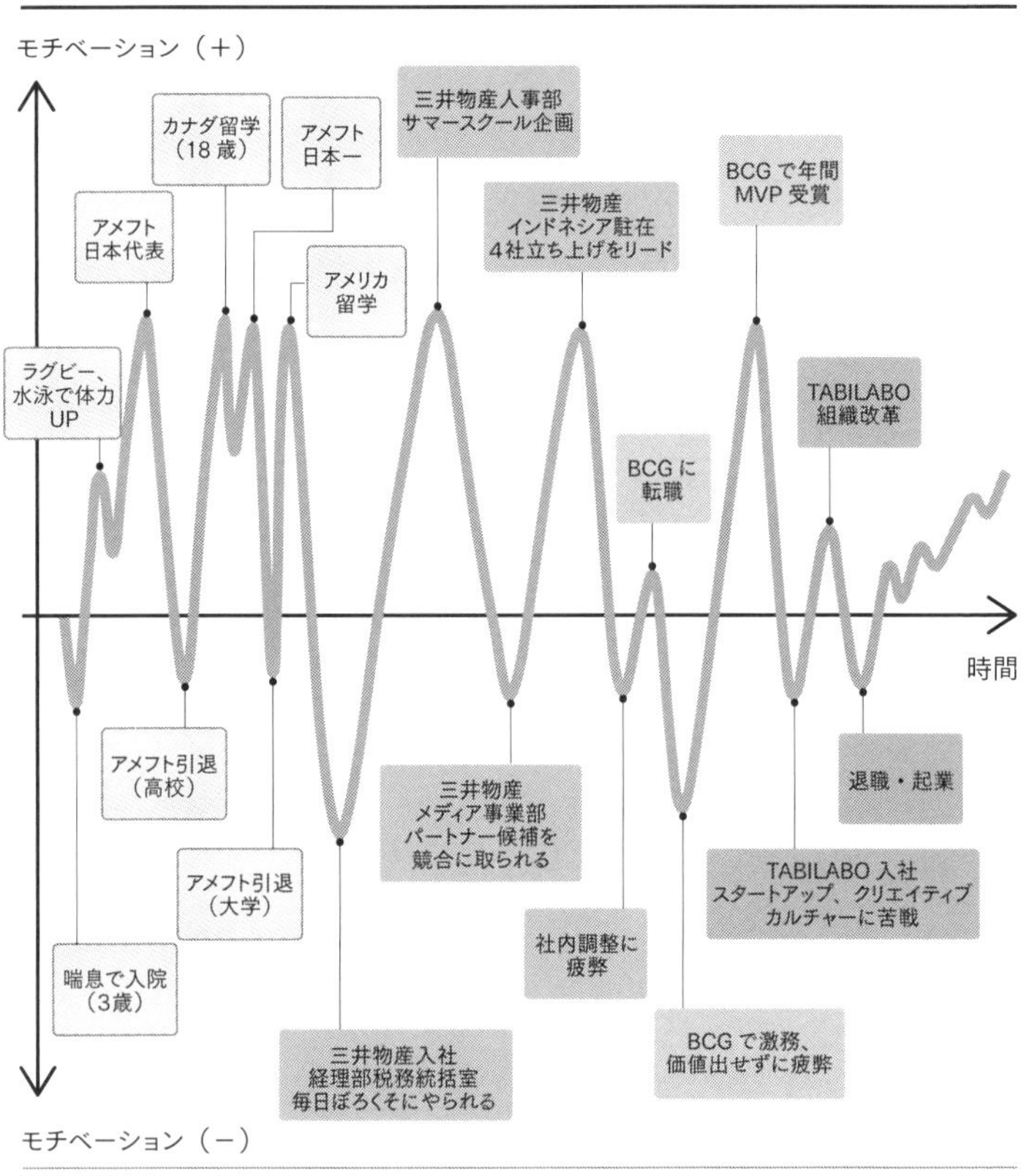
モチベーション（＋）
ラグビー、
水泳で体力
UP
アメフト
日本代表
カナダ留学
（18歳）
アメフト
日本一
アメリカ
留学
三井物産人事部
サマースクール企画
三井物産
インドネシア駐在
4社立ち上げをリード
BCGで年間
MVP受賞
BCGに
転職
TABILABO
組織改革
時間
喘息で入院
（3歳）
アメフト引退
（高校）
アメフト引退
（大学）
三井物産入社
経理部税務統括室
毎日ぼろくそにやられる
三井物産
メディア事業部
パートナー候補を
競合に取られる
社内調整に
疲弊
BCGで激務、
価値出せずに疲弊
TABILABO入社
スタートアップ、クリエイティブ
カルチャーに苦戦
退職・起業
モチベーション（－）

ます。

年齢を横軸にして、「人生で自分のモチベーションが上がったこと・下がったこと」の浮き沈みを縦軸にします。例えば受験に合格した、病気で入院した、尊敬できる上司に出会った、ブラックな部署に配属されたといった出来事。あるいは家族や友人との関係性の変化など、プライベートな部分も含めて考えます。

ここで大事なのは、「どこで上がった・下がったか」に着目するとともに、**「何が自分の気持ちを上げるのか、下げるのか」**に自覚的になることです。

自分の信念を通すことができたり、価値観が満たされたりしたから曲線が上向きになっているはずです。同様に、価値観や信念が踏みにじられるようなことがあったから下がっている。そうした部分を明確にすることで、自分がどんな行動を取れば理想の未来に近づいていくことができるのかがわかります。

ビジョンに近づくバリューズの条件

人生曲線の作成や、ビーイング、ビジョンを定義する中で出てきたキーワードを参考に、**自分の人生において大切にしたいと考える価値基準**を書き出していきます。

まずは、箇条書きや単語でもいいので思い付いたままに書き出します。その上で共通する内容をグルーピングして、自分の中で大切だと思う価値基準を言語化しましょう。

次に、「それらを実行することで、自分はどのような感情を得られるのか」という視点で言葉を磨き込みます。

例えば、「家族を大事にしたい」というバリューズがあったとします。それが「人との愛のある関係が大事」なのか、「繋がりを感じられることが大事」なのか、人によって表現は異なります。あるいは「誰もやれなかったことをやる」というバリューズの裏にあるのは、「達成したときの充実感を味わいたい」かもしれませんし、「結果を得て安心・安全を得たい」ということかもしれない。どんな感情を得るためにこの行動が必要かを考えましょう。

その上で、7～9項目くらいにまとめます。数が少ないと抽象度が高過ぎる表現になる可能性があり、日常的な行動の意識を持ちづらくなります。私の場合は八つ決めています。

続けて、バリューズとして表現した言葉を、自分なりにしっくりとくる順番に並び替えます。自分の心身の健康、家族の幸せ、学びや成長、良い人間関係などさまざまな要素があると思いますが、今自分が意識したい順番で考えてみてください。

　そうして書き出したものが、ビーイングで定義したありたい姿や、5年後、30年後の未来ストーリーの実現に向けたガイドになっているか、課題に直面したときに（または課題に直面しないように）取るべき行動を示してくれるものかを確認します。

　ビジョンとして描く未来は、なんとなくたどり着けるものではなく、今の自分を超えるものです。バリューズは、ビジョン実現への旅でさまざまな障害と直面したと

バリューズの例

今を楽しむ

感謝を伝える

心身ともに健康

学び続ける

家族を笑顔に

Give & Give

愛のある行動

一人でやらない

き、自分の進むべき道を指示してくれるものでなければいけません。

「愛のある行動」とはどんな行動か？

最後に、一つひとつのバリューズを、**具体的な行動に落としこんでいきます。**

「愛のある行動」をバリューズにするのであれば、「相手の目を見て聞いて共感を示す」「自分から笑顔であいさつする」「目の前の相手を笑顔に変える」「困っていることに気付いて声を掛ける」と考える。バリューズを分解して日常の行動に落とし込むイメージです。

そこから、「こうした行動を言葉でまとめると、『愛のある』という表現より『思いやり』のほうがいいな」といったように、バリューズをよりフィットする言葉に磨き込んでいきます。

バリューズは、一度決めた後も、ビーイングと同じように日々行動していく中でアップデートしていきましょう。見直していく中で、未来に向けた行動判断の基準がよりはっきりし、行動も変化していきます。

バリューズを行動基準に落とし込む

バリューズ	行動基準
①今を楽しむ	・将来の楽しい予定を入れる
	・新たなことにチャレンジして、新たな自分を発見する
	・好きな人と過ごす（ストレスを感じる人と過ごさない）
	・五感が喜ぶ体験をする
②心身ともに健康	・良い睡眠を取る（23 時までに寝る、7 時間寝る）
	・30 分以上汗をかく運動をする
	・5 分以上瞑想する
	・食事は腹八分目にする
③家族を笑顔に	・話をしているとときには、ほかの作業を止めてしっかり話を聞く
	・家族がいるとき、平日 18 時半以降と休日は仕事をしない
	・妻、子供たちそれぞれを1日3回は褒める
	・妻、子供たちとスキンシップをたくさん取る
④愛のある行動	・相手の目を見てしっかりと話を聞いて、共感を示す
	・自分から笑顔であいさつする
	・目の前の相手を笑顔に変える
	・相手の困っていることに気付き、声を掛ける
⑤感謝を伝える	・心から、ありがとうと言う
	・大切な人、お世話になっている人にメッセージを送る
⑥学び続ける	・毎日 30 分以上、新たなインプット（本、動画など）を得る
	・アウトプットして、フィードバックを集める
⑦ Give & Give	・打算で考えず、まず与える
	・拒絶されようが、最高を与え続ける
⑧一人でやらない	・一人で悩まない
	・仲間を巻き込む

本章では、リーダーが熱狂するための方法について考えました。遠回りなようですが、熱狂するチームをつくるためには、この過程が欠かせません。すでに十分仕事に熱中していると感じる人も、このステップを楽しんでみてください。

ただ、単純にビジョンを掲げているだけでは、熱狂の輪はなかなか広がっていきません。次章では、リーダーとして人を巻き込んでいく戦略についてお話しします。

世の中の偉大なリーダーたちも、人を巻き込む能力に長けていました。

例えば、アメリカでの公民権運動の指導者として知られるマーティン・ルーサー・キング牧師です。「非暴力」という看板を掲げているだけでは、多くの人の感情には伝わりません。そこで、キング牧師はデモに黒人の子供を参加させたり、黒人が白人に暴力を受けている場面をメディアに撮らせたりしました。それが世界的に広まったことで、人種差別の実態が伝わり、公民権法制定への大きな弾みとなりました。

自分が信じるものを愚直に丸裸でやるという意欲も大事ですが、最短距離で結果を出すための最善策を考えることも大事です。そのために、どう人を巻き込んでいくのかを考えましょう。

03

人を巻き込むための「戦略」

人を巻き込むために最も大事なもの

変わる「リーダーシップ」の姿

カリスマ的なリーダーが、カリスマ的なリーダーを育てて、その人たちが活躍していく。強いリーダー像を定義し、それを量産していくのが従来のリーダー論でした。一方で、VUCAといわれるように、変化が激しく将来予測が難しい現代。企業の競争優位性の源泉は、有形なものから、ブランドや情報、ソフトウェアなどの無形なものへ変化しています。

無形な価値を生み出す上では、創造性が欠かせません。創造力とは、物事の新たな組み合わせから生まれるものです。多様な人が集まることで、知と知の新たな組み合わせが生まれ、それがイノベーションに繋がります。限られた人のアイデアの実現ではなく、多様な人が集まり、心理的安全な空間の中で、コラボしながらアイデアを生み出していく。そうした価値創造のプロセスが求められています。その中では、求められるリーダーシップも、周りの才能を生かす姿に変わっていきます。**必要なのは、「信頼」と「共感」**。人を集め、一人ひとりの力を引き出し、熱を広げていく。これが最高に高まった状態が熱狂するチームです。

信頼構築に重要な八つのポイント

まずは信頼について。**人を巻き込むために最も大事な要素を一つ挙げるとすれば、「信頼」**です。

信頼を構築する上での重要なポイントは、「仕事上の関係」ではなく、「人間と人間とのパーソナルな関係」を構築することです。言い換えれば、目の前の人を目的達成のための**「機能」や「手段」として扱うか、「人間」として扱うのか**の違いです。

人は、相手が自分をどう見ているかを感じ取り、それに対して反応します。パーソナルな関係を築こうと趣味や家族のことを聞いても、それが仕事を進めるための質問だと感じられてしまえば、強い繋がりは生まれません。

一方、ハラスメントへの意識も重要な中で、職場で仕事以外の話を聞くことに抵抗が生まれることもあると思います。

大切なのは、プライベートな情報を集めることではありません。目の前の相手に「一人の人間」として向き合い、誠実な関心を寄せて、その人の興味や関心、夢、想い、そして「ありたい姿」を知ろうとすることです。


経済学や心理学、経営学の専門家でもあるポール・J・ザック氏は、著書『TRUST FACTOR　最強の組織をつくる新しいマネジメント』の中で、長年の研究結果から、繁栄する国家とそうでない国家が存在する理由を説明する最も重要な予測因子は、「信頼の文化」であることを指摘しています。

人は信頼されると、脳内でオキシトシンという神経伝達物質を合成します。そしてオキシトシンが分泌されることで、私たちは受けた信頼に応えようとします。

ザック氏は、信頼を実現する要素として、オキシトシン（OXYTOCIN）の頭文字を取り、次の八つが重要と説明しています（カッコ内は著者の解釈）。

- Ovation／オベーション（成果に対して称賛すること）
- Expectation／期待（メンバーそれぞれが、各自の役割や仕事をやり遂げることが

できると、リーダーが信じること）

・Yield／委任（仕事を任せること、メンバーが仕事の進め方を自ら選択できること）
・Transfer／委譲（メンバーが自分で自分の仕事を管理できること）
・Openness／オープン化（情報を広く共有すること）
・Caring／思いやり（人間関係を意図的に構築し、居心地の良い場をつくること）
・Invest／投資（十分な学習機会、学び、成長する場を提供すること）
・Natural／自然体（話しかけやすい存在であり、メンバーも自然体でいられること）

何よりも大切なのは「一貫性」を持つこと

前述のポイントは、リーダーがメンバーを巻き込む上で重要な要素です。ただし、どれだけリーダーがメンバーに誠実に向き合ったとしても、実際にチームを成功へ導くことができなければ、人は付いてきません。

経営コンサルタントの波頭亮《はとうりょう》氏は、著書『リーダーシップ構造論 リーダーシップ発現のしくみと開発施策の体系』の中で、この人について行こうと思わせる資質として、次の三つを挙げています。

①Capability／能力（チームを成功に導くことができる能力）
②Humanity／人間性（この人と深い関係性を持ちたいと思わせる人格）
③Consistency／一貫性（発言や行動パターン、対人関係のスタイルに関する一貫性）

チームを成功に導く「能力」がなければ、「良い人だけど、仕事では信頼できない」となってしまいます。

ただし、スーパーマンである必要はありません。「ハロー効果（一部の特徴的な印象に引きずられて、全体を評価する傾向）」という心理作用をご存じでしょうか。何か突出した能力があれば全体評価が引き上がり、周囲からの信頼に繋がります。リーダーは、**自分の強みを生かし、弱みをメンバーに補完してもらう**関係構築を意識しましょう。

加えて、深く関わりたいと感じさせる魅力的な人間性がなければ、相手との距離は縮まりません。

とはいえ、一朝一夕に人間的な魅力を高めることはできないのも事実です。日々の学びと内省が重要ですが、簡単にできるアプローチもあります。

人は「強み」ではなく、「弱み」に共感します。リーダーが積極的に**「自分の弱み」を自己開示することが、相手からの信頼を生みます。**また、「このチームでは弱みを出していいんだ」というチーム全体の安心感にも繋がります。

そして何よりも大切なのは、一貫性です。相手や状況によって発言や行動が変わるリーダーに、人は付いてきません。

相手によって態度や行動を変えるのは、「相手に良く見られたい」という思考が働くからです。外部環境に対して反応的に生きるのではなく、自分のビーイングやビジョン、バリューズを明確にし、それに沿った一貫性のある行動を取ることが重要です。

リーダーの「人生」が人を引き付ける

リーダーシップとは「見えないもの」を扱うこと

リーダーシップ教育を目的とした特定非営利活動法人であるアイ・エス・エル理事長の野田智義氏は、リーダーシップとマネジメントの違いについて、次のように話しています。

リーダーは「見えないもの」を見て、あるいは見ようとして、新しい世界をつくり出すのに対し、マネジャーは「見えるもの」を分析し、それらに受動的もしくは能動的に対応しながら、漸進的に問題を解決していく。

『リーダーシップの旅 見えないものを見る』

第1章でお話しした通り、フォロワーはリーダーが見ている「見えないもの」に共感して集まります。リーダーがルビコン川を渡ろうとすれば、多くの人が止める。しかしそれでもほかの人には見えない希望を見出だして進んでいく中で、多くの人の夢や思いを巻き込むことになります。

リーダーシップの旅を歩む中で、フォロワーの共感を呼び起こす。フォロワーはリーダーが見る「見えないもの」が見えるようになる。**リーダーのビジョンが周囲の人たちに伝播《でんぱ》し、やがてそのビジョンはチームのビジョンに変わります。**共感を呼んで周囲を巻き込むために、リーダーのビジョンをどのように見せればいいのかを考えましょう。

ハーバードビジネススクールに通っていた知人に、どの授業がいちばん面白かったかと聞いたことがあります。答えは「プレゼンテーションにはセルフストーリーが大事だという話」でした。

「このビジネスは絶対に成功する！」とどれだけ熱く語っても、その素晴らしさは相手には伝わりません。場合によってはいかがわしさを感じさせてしまうこともあります。

しかし、そこに話す人の**「ストーリー」**が乗った瞬間、大きな共感が生まれます。

この点で代表的な例が、バラク・オバマ氏が大統領になったときの中間選挙でのスピーチです。当時劣勢だった彼が大統領就任へと進む分岐点だったといわれています。

私が今この場にいるのは非常に異例なことです。私の父は外国人学生で、ケニアの小さな村で生まれ育ちました。彼はヤギを飼育しながら育ち、ブリキ屋根の学校に通いました。

彼の父、つまり私の祖父は料理人で、イギリス人家庭の使用人でした。しかし、祖父は私の父に大きな夢を持ちました。私の父は忍耐強く熱心に勉強し、この偉大な地、アメリカで勉強するための奨学金をもらいました。

アメリカは自由の象徴として、私の父が来る以前にも、たくさんの人に大きな夢を実現する機会を与えてきました。

ここで勉強をしながら、父は母に会いました。母はケニアから地球の反対側に位置するカンザス州で生まれました。私の両親は起こりそうもない愛を分かち合っただけでなく、この国の可能性に対する信念を共有しました。両親は私に「祝福」という意味のアフリカの名前、「バラク」をくれました。彼らは信じていました。アメリカが寛容な国で、私の名前は私の成功に何の障害もないと。両親は私がアメリカでいちばんの学校に行くと想像していました。彼らは裕福ではなかったけれど、寛大なアメリカでは、可能性を達成するために金持ちである必要がなかったのです。

人の興味を引くストーリーの条件

スタンフォード大学ジェニファー・アーカー教授の研究によると、人に何かを伝えるとき、事実や数字を並べるよりも、「ストーリー」があることで最大22倍も人の記憶に残りやすいことがわかっています。

また、脚本家の養成者であるロバート・マッキー氏は、『ハーバードビジネスレビュー』のインタビューで、「CEOの重要な仕事は、ある目的を達成するために人々を動機づけることです。そのためにもCEOは、人々の感情に訴える必要がありますが、人の心に何かを届けるうえでカギとなるのが『物語』なのです」と話しています。

私は、商社の人事で採用担当をしていたとき、1日に何度も、何十人、何百人という学生の前で会社紹介のプレゼンテーションをしていました。学生側も、1日に何社もの話を聞いているので、お互いに疲れてきます。

そんな中、学生が前のめりになって話を聞く時間と、眠そうに話を聞く時間がありました。その様子を観察していると、それは三つの点の違いによるものだと気付きました。

一つ目は、**話し手の主語が「会社」か「自分」か**の違いです。

「弊社は――」と、会社を主語にして話すと学生は興味を示しません。「また同じような綺麗事を聞かされる」と感じるのでしょう。一方、主語を「私は――」と一人称にして自分の経験や感じたことを話すと、学生を引き付けることができます。

二つ目は、話し手自身が**話している内容を頭の中で〝見て〟いるかどうか**。

前述のオバマ氏の演説でも、物語の情景を頭の中で思い描き、実際に今体験しているように感情を乗せて話していたはずです。

話し手に見えていない景色を、聞いている人が見ることはできません。過去の経験や実現したい未来をクリアに見ながら話すことで、そこに感情が乗り、聞き手にも伝わります。

三つ目が最も重要です。**ストーリーの内容そのものが、人々の共感を生み出すものであるかどうか**です。

共感を生む条件としては、以下の3点です。

①社会的価値

ストーリーとは、経験を時系列に並べたものではありません。本質的に、人生の変化とその理由を描いたものです。まずは個人の願望、つまり人生の目標を述べ、次にその願望を遮る力との戦いを描きます。その願望が、単なる金儲けではなく、社会的課題を解決するものであることが重要です。

②失敗・課題

誰でも、将来に対する恐れを抱いて生きていると理解することが必要です。バラ色の未来や、サクセスストーリーだけを聞いても、疑念を感じて人の心は動きません。自分の失敗や直面した問題を前面に出して、それをいかに乗り越えたのかを見せる。その感情の変化によって、共感を生むことができます。

③愛と感謝

話す言葉に気持ちが乗らなければ、相手の心を動かすことはできません。聞き手に対して、愛と感謝を込めて話し掛けることが大切です。

目の前の聞き手の苦労や悲しみを想像しながら、「この人たちに少しでもポジティブな影響を与えよう」という思いを込めて話します。そのためには、聞き手がどんな人なのかを事前に知る、あるいは想像してみましょう。

また、目の前で自分の話を聞いてくれている人、伝える場を設定してくれた人、伝えたい内容への気付きを与えてくれた人、多くの支えがあって今の自分がいることへの感謝を意識しましょう。同じ話を別の人に話す場合には、自分の話に慣れないことが大切です。

ストーリーをつくる六つの要素

ここで、ストーリー・テリングの技法を紹介します。ダミアン・ヒューズ氏の著書『FCバルセロナ　常勝の組織学』という書籍で紹介されているピクサー・アニメーション・スタジオ流の方法で、6文で物語を構成するというものです。

私を例に当てはめるとこんな物語になります。

①兵庫県出身の岸昌史という男がいた。

②幼少期は喘息で入院するほど体が弱

ストーリーに必要な6要素

① あるところに〇〇がいた。

② 毎日、〇〇〇〇〇〇〇〇だった。

③ ある日、〇〇〇〇〇〇〇〇が起こった

④ それによって〇〇〇〇〇〇〇〇が起こった。

⑤ それによって〇〇〇〇〇〇〇〇が起こった。

⑥ 最終的に〇〇〇〇〇〇〇になった。

出典：『FCバルセロナ　常勝の組織学』（ダミアン・ヒューズ著／高取芳彦訳／日経BP）

かったが、小学生からラグビーや水泳などスポーツに取り組む中で強くなった。中学、高校ではアメリカンフットボール部に入り、部活ばかりの生活を送っていた。

③大学へ入学してすぐに、もっと広い世界が見たいと考え、カナダへ留学した。

④カナダのホームステイ先では、ホストファーザーが毎日17時頃には帰宅し、家族揃って山の見える庭でバーベキューを楽しんでいた。会社中心ではなく、自分が幸せを感じる時間を大切にする生活がそこにはあった。また、街にたくさんの家族の笑顔があふれていたことが印象的で、こんなにも心豊かな暮らしがあるのかと衝撃を受けた。

⑤その後日本へ帰国。当時の日本はバブル経済崩壊の傷跡を引きずっており、高齢者の自殺などの暗いニュースを頻繁に目にした。日本の経済成長を支えてきた人たちが、最後には「周りには迷惑を掛けたくない」と自ら死を選ぶ社会。カナダにあった心豊かな生活との対比の中で、悔しくて涙があふれた。

⑥それ以降、「日本を笑顔あふれる国に変えること」が自分のライフミッションとなった。その後、再度アメリカへ留学し、現地でのボランティア経験などを通して、人が輝くためには、「誰かの役に立っている実感」と「人と人との繋がり」が重要と気付いた。

日本には、宗教的な集まりも少なく、地域のコミュニティに属している人も少ない。日本で「誰かの役に立っている実感」と「繋がり」の機能を担っているのは会社という組織だと考え、「会社を人が輝く場に変える」ことを自分の仕事にすることとした。

第2章で考えた人生曲線で人生を振り返り、前述の3点を意識しながら、この形に沿ってストーリーを考えてみましょう。

同情ではなく相手の気持ちを理解する

優れたリーダーは何をしているのか

周囲の人たちを巻き込んでいくためには、メンバーに共感されるだけではなく、リーダーがメンバーに共感することも必要です。

ここで言う共感とは、**「Empathy（相手の立場に立って、気持ちを理解する力）」であり、「Sympathy（相手への同情）」ではありません。**リーダーの最も大事な要素は、チームをまとめ上げることと、優れた意思決定を行うことです。相手の視点や立場を理解しつつも、感情に流されるのではなく、冷静に考え、チームとしての最善な意思決定をすることが重要です。

私が商社の経理部にいたときの上司は、とてもリーダーシップに長けた人でした。

メンバー一人ひとりの状況を深く理解し、適切なコミュニケーションを取ってくれる。「いつも自分のことを見守ってくれている感じで非常に働きやすい」とみんな言っていました。

私が商社を卒業した後、この上司と食事をした際に、チームマネジメントでどのようなことを意識しているのか聞いてみました。印象的だったのは、「メンバーに仕事を任せて、極力余計な口は出さずに見守る。ただし、自分から情報を集めてチームの状況を把握し、いつでもフォローできるようにしている」という話です。

例えば、社内で新たなプロジェクトが生まれると、彼のところまで話が上がってくる前にチーム内で議論されるケースがあります。そうしたときにはサーバーの共有フォルダに保存されている議事メモなどを見て、状況を把握しておく。メンバーは当然、上長が社内会議の細かなメモまで見ているとは思わないので、ゼロベースで説明します。彼も状況を事前に知っていることは隠してコメントします。

なぜ、そのような手間のかかるアクションを取っているかというと、メンバーの主体性や自律性を育むことが、成長に繋がると信じているからだそうです。人は他人からの知識ではなく、自分で悩み、つかみ取った経験からしか成長することはできません。

メンバーが彼に安心や信頼の感情を寄せていたのは、放任するのではなく、常にチームメンバーの動きや置かれている状況を理解するように努めていたからです。

リーダーに必要な共感は、相手の立場に立って、その人の気持ちを理解しようとする行動から生まれます。トップダウンではなく、横に広げて熱狂を生んでいくアプローチが、企業経営や、リーダーシップにおいて必要になっています。

メンバーへの共感に必要なこと

ラグビー元日本代表選手の山口良治《よしはる》氏が、伏見工業高校ラグビー部の監督を務めた当初、こんなエピソードがあったそうです。

当時の伏見工業は京都でいちばん荒れているといわれ、ラグビー部も不良の集まりでした。部員たちは山口氏に猛反発。そんな彼らが変わるきっかけになったのは、名門花園高校との試合での、山口氏の一言でした。

この試合で伏見工業は一方的に攻められ、112対0という記録的惨敗をします。試合後、山口氏は指導に従わなかった生徒を怒るのではなく、「お疲れさん。ケガはなかったか？　悔しかったやろうな」と声を掛けます。部員が今何を感じているのか想像する中で、思わずあふれた言葉だったそうです。

生徒たちは後のインタビューで、この一言を聞いて、「この人なら自分をわかってくれる。付いていこうと決めた」と話しています。その後伏見工業ラグビー部は、高校日本一にもなる常勝軍団へと生まれ変わります。

困難に直面するメンバーを奮い立たせるのは、リーダーの共感。そのために必要な行動は、**「聴く」「認める」「思いやる」**の三つです。

まずは相手の話を、相手の立場になって、相手の気持ちを感じながら「聴く」ことです。

聴くことは、話すこと以上に相手に力を与えることがあります。言葉だけを捉えるのではなく、相手の表情や声のトーンも観察し、全身で相手の感情を受け取ることが大切です。

次に、相手の置かれている状況や困難を「認める」ことです。

困難な状況にある仲間への「大変だっただろうね」「しんどかったね」「つらかった

ね」といった一言。直接的に目の前の課題を解決するヒントにはならなくても、自分の立場や苦労を理解してもらうことは前向きなエネルギーを生み出します。

最後に「思いやり」を行動で示すことです。

私が一緒に働く友人がシンガポールへ出張していたとき、新型コロナに罹り、ホテルに隔離されていました。

一人不安を感じていたところに、現地の事業責任者から連絡が入ります。責任者の彼は、忙しいスケジュールの合間を縫い、すぐにたくさんの食材を買い込んで、友人のいるホテルに届けてくれました。

友人がお礼を言うと、「自分がもし日本で同じ状況になったら、きっと同じことをしてくれるだろうし、当たり前のことだから」と、話してくれたそうです。

新型コロナに罹ったと聞いて、「大変だね。何かできることがあれば連絡してね」と言える人は少なくないと思います。しかし「自分が海外で病気になれば不安だよな。誰かの助けが必要だよな。食べ物も買いに出られないし、困るだろうな」と、**相手の立場に立って考え、行動に移せる人**はなかなかいません。

相手に関心を持つこと、苦しみを認めること、思いやりを示すこと。リーダーの共感を示す行動が、困難に直面するメンバーの心に火を付け、奮い立たせるのです。

相反する表情を使い分ける

「得」と「徳」を与えられる存在に

自分のビジョンをベースに「信頼」と「共感」で人を集める。しかし、**理想だけで人は動きません。**より直接的な行動の理由や、チームの動きが結果に結び付くという納得感が必要です。ここでは、それら両面にアプローチするための方法を考えます。

一つ目は、「得」と「徳」について。

まずは「得」です。**一生懸命働いて見返りがないのでは、メンバーは付いてきません。**金銭的な部分や自己成長など、「この人と一緒にいればたくさんのことを得られる」と思ってもらうことが、チームの団結には不可欠です。

一方で、「徳」も大切です。個人的な私利私欲や短期的な利益のためであれば、人の心は動きません。あるいは、チームのメンバーが損得だけで競争し合うことにもなりかねません。誰もが自分の人生という限られた時間を、意義を感じられることに使いたいと感じています。**「この人を応援することが、世の中のためになる」**と感じられる人に、人は集まります。

この部分を第2章ではリーダー個人のビジョンとして考えました。また、当然、人として正しくない行いはしない、困っている人を助けるといった姿勢を見せることも大事です。

ここで言う「徳」とは、「崇高な人になれ」「私欲を持つな」ということではありません。「チームをまとめるために合理的であれ」ということです。

「得」が全てと考える人と「徳」を大事にする人の差は、捉える時間軸の違いです。自分一人でいくら頑張っても、できることは限られています。短期的な「得」だけで集まった人は、「徳」がなければいずれ離れていってしまいます。

それに、幸せになるためには、人との繋がりや人への貢献が必要です。タバコやお酒より、「孤独」が体に悪いともいわれています。いくらお金を稼いでも、一人では幸せを感じることができません。

未来を見据え、社会という大きな視点で自分の幸せを捉えた中での「得」。それを「徳」と呼ぶのだろうと思います。人として正しく生きることが、多く得られることになり、結局は幸せに生きるということに繋がるのでしょう。

「情理」と「合理」で働き掛ける

ジョン・F・ケネディ元大統領は、日本で最も尊敬する人物として、米沢藩の名君である上杉鷹山《ようざん》を挙げました。鷹山は人々に「情理」と「合理」で働き掛けることで、改革を成功させた人物です。

江戸時代、米沢藩は倒産状態にありました。貧しさや凶作・飢饉のために13万人強だった人口が10万人弱にまで減少。絶望した領民が次々に藩を逃げ出す状況で、鷹山は17歳で藩主となります。藩政改革の目的を「領民を富ませるため」と決め、その改革の根底に「愛と信頼」を据えます。

藩主となり初めて米沢藩を訪れた際、役人の嫌がらせもあり、宿泊場所が見つかりませんでした。鷹山は家臣たちの寝る場所もないとわかると、寒い冬の日でも自ら進んで野宿をします。宿の手配をできなかった部下を責めることはなく、仲間たちのために酒を調達すると、自ら全員にお酌をしながら労《ねぎら》います。

変化を嫌う古参の武士たちに何度も改革の邪魔をされ、苦しい経験をしますが、鷹山の愛と信頼をもとにした行動が、少しずつ人々の心の変化を生み出します。

ただ、このように**「情理」だけで訴えていても、単なる夢想家でしかありません。**「本当にそれが実現できるのか」という「合理」の部分を、ロジカルな道筋で説明できなければいけません。

江戸時代の幕府や他藩の改革のほとんどが失敗に終わったのは、倹約令の強化によってコスト削減を図る一方で、収益増加のために増税し、領民の生活だけを苦しめたことが原因でした。

鷹山のアプローチは、課題の背景にある真因の徹底的な理解と、その解決のための打ち手をゼロベースで考える徹底された合理的思考です。藩の歳出を抑えるため、自らの生活費を前藩主の7分の1に切り詰め、藩を挙げての大倹約に取り組みます。そして、米作に向かない米沢藩の土地の特性を理解し、米以外の農産物を育成します。また、他藩へ原料として安く販売していたものを自藩で製品化し、付加価値を上げて販売することで、藩の収入を増やします。足りない技術は他藩から技術者を呼び寄せて補い、足りない労働力は農民以外の人出を募るなど、打ち手を次々と実行します。

改革が功を奏し、東北を中心に何百万人もの餓死者が出たといわれる天明の大飢饉でも、米沢藩の餓死者ゼロで乗り切ります。72歳で亡くなる頃には、藩の借金をほとんど返し、農村の復興を果たしました。

ビジネスの現場でも、リーダーはメンバーを思いやり、メンバーそれぞれの望みや苦労に理解を示し、愛情をもって接することが大切です。ただし、これだけでは良い人で終わってしまい、成果が出なければ人は付いてきてくれません。

リーダーは情理に働き掛けるだけではなく、目的達成のための合理的な道筋をしっかりと周りに伝える必要もあります。合理と情理の両方があってこそ、メンバーはリーダーを信頼します。

いかにみんなをワクワクさせながら、人を巻き込んでいくのか。そのためには、「得」と「徳」、「情理」と「合理」といった、一見相反する両方の表情で働き掛けることが必要なのです。

人を動かす三つの原理原則

相手を理解するように努める

ここから、日々の具体的な業務の中でメンバーにどのように働き掛けていくことが有効なのかを考えていきます。その前提として、人を動かすために欠かせない三つの原則をお話しします。

ある日曜日の朝、ニューヨークの地下鉄で体験した小さなパラダイム転換を、私は忘れることができない。乗客は皆、静かに座っていた。ある人は新聞を読み、ある人は思索《しさく》にふけり、またある人は目を閉じて休んでいた、すべては落ち着いて平和な雰囲気であった。

そこに、ひとりの男性が子供たちを連れて車両に乗り込んできた。すぐに子供たちがうるさく騒ぎ出し、それまでの静かな雰囲気は一瞬にして壊されてしまった。

しかし、その男性は私の隣に座って、目を閉じたまま、周りの状況に全く気がつかない様子だった。（中略）

私は耐えられなくなり、彼に向かって非常に控えめに、「あなたのお子さんたちが皆さんの迷惑になっているようですよ。もう少しおとなしくさせることはできないのでしょうか」と言ってみた。

彼は目を開けると、まるで初めてその様子に気がついたかのような表情になり、柔らかい、もの静かな声でこう返事した。

「ああ、ああ、本当にそうですね。どうにかしないと……。たった今、病院から出て来たところなんです。一時間ほど前に妻が……、あの子たちの母親が亡くなったものですから、いったいどうすればいいのか……。子供たちも混乱しているみたいで……」


『7つの習慣』


人を動かす原則の一つ目は、相手を理解するように努めることです。

男性の言葉を聞くまで、乗客たちには親子が「騒いでいる子供と甘やかしている父親」としか見えていなかったでしょう。それが親子の事情を理解したことで、目の前の状況がまったく違うものになりました。

仕事をしていて誰かに嫌がらせを受けたり、街を歩いていて人から理不尽な扱いを受けたり、「何でこんなことを言うんだろう?」と思う瞬間があります。きっと相手には、自分には見えていない物語や景色があって、それが理由で唐突なアクションが出てしまっただけだ。そう捉えることができれば、「仕方なかったんだな」と優しく受け止めることもできます。批判するよりも、相手を理解しようとすることが大事です。

第2章でマザー・テレサの言葉を紹介しました。その中にある**「どんな人に会っても、まずその人の中にある美しいものを見る」**ということを、私は常に意識しています。

相手の素晴らしい一面を探す対話はとても楽しい時間です。相手の視点を通して自分にない考えや経験を知り、世界を新たな方法で見ることができるようになります。その発見が、人生を豊かなものへと変えてくれます。

また、人をできる・できない、使える・使えないなど、ジャッジしないように気を付けています。その人の良い面も場面が変われば弱みになり、逆もしかりです。

ジャッジしてしまえば、その人の中にある素晴らしい一面を見落としてしまいます。お互いの違いは、お互いの個性として捉えます。相手のことを知れば、その人に対して好意を感じるようになります。すると相手も自分のことを好意的に捉えてくれる。そこから協力関係が生まれていきます。

相手に自己重要感を持たせる

人を動かすための原則、二つ目は自己重要感を持たせることです。この視点では、こんな素敵な例があります。

アメリカにモーリスという名前の少年がいました。モーリス君は出産予定日より6週間も早く生まれたため、生まれてすぐ保育器に入りました。それが原因で、ある障害を負うことになります。

モーリス君が小学生のとき、こんな事件がありました。理科の実験室で飼育していたネズミが逃げてしまったのです。実験室の窓もドアも閉まっているので、どこかにいるのは間違いありません。子供たちはみんなで探し回りましたが、ネズミは見つかりません。

そこで、先生は子供たちを椅子に座らせて言いました。

「見つかりませんね。ここはネズミを見つけることがいちばん得意な人にお願いしたいと思います。モーリス君、お願いできますか？」

先生の言葉を聞いた子供たちは、騒然となりました。

「えー。先生、モーリスには無理だよ。忘れたの？」

子供たちが騒いだのにはわけがあります。モーリス君は保育器の中で酸素を大量に吸ったことが原因で、目が見えなくなってしまったのです。

先生は言いました。

「モーリス君は、目は見えないけれど、神様から与えられた素敵な耳があります。彼はあらゆる音を聞き分ける素晴らしい才能を持っています。みんなには聞こえないネズミの小さな音を聞き分けて、きっとネズミを探してくれることでしょう。私は信じています。モーリス君、お願いします」

モーリス君は先生の期待に応えて、みんなが見つけられなかったネズミを見事に探し出しました。

これが成功体験となり、彼は聴力を生かして音楽の道に進みます。目は見えず聴力だけに頼るシンガーソングライターとして全米デビュー。その名はスティービー・ワンダーといいます。

最も美しい人との関わり方は、本人が見えていないその人自身の素晴らしい面を見つけて、その力を発揮できる場を提供してあげることだと思います。

人間は、自分で自分のことを理解しているようで、実はよくわかっていません。他人からの批判や失敗によって、ついつい「自分にはこの辺までかな」「できないな」と思ってしまう。

つらいときにやさしく寄り添ってくれることももちろんありがたいですが、後になって特に記憶に残るのは、機会をくれた人です。自分の可能性を信じて、自分には少し無茶ではないかと思うような役割や目標を与えてくれる。「そんなに期待してもらったなら、頑張ろう」と乗り越えた瞬間、成長した自分と、それまでには見えなかった景色が見えるようになります。

相手の立場に身を置き、強い欲求を引き出す

人を動かす原則の三つ目は、相手の立場に身を置き、強い欲求を引き出すことです。

「群盲象を評す」という話をご存じでしょうか。インドに何千年と伝わるもので、時代を超えた普遍的な示唆を示すといわれています。

目の見えない人たちに象を触ってもらい、その感覚から象がどんなものかを話してもらいます。

象の足に触れた人は「柱のようです」と答えました。
しっぽに触れた人は「鋼のようです」と答えました。
長い鼻に触れた人は「木の枝のようです」と答えました。
みんなまったく違うことを言います。

相手の立場に身を置くということは、できるようで難しい。全員が同じように見えていると思っても、人によって見えるものは違います。

物事には真実があると思っているけれど、それはあくまで自分の解釈でしかありません。第2章でお話しした通り、人間の脳は過去の経験や記憶から解釈をパターン化してしまいます。そのため、どうしても自分に見える範囲だけで相手を判断してしまいがちです。

「こういう人だから、こういうふうに考えるだろう」と捉えてしまえば、相手を理解することは不可能です。相手の心のベースにある欲求を知るためには、偏見なく全体を撫《な》でて全体像を捉えなければいけません。その人の行動の背景にある夢や想い、願望は何なのか、何に興味を持ち、どんなことを求めているのか。相手が過去や現在の経験を通して見ている世界を、共に見ようとする意識が重要です。

その上で、相手の心に自分から動きたくなる欲求を起こさせます。

人を動かすには、相手の欲しがっているものを与えるのが、唯一の方法です。まずは、「この人がワクワクするポイントはどこだろう?」「何を与えると喜んでくれるのだろう?」と相手に興味や関心を持って観察しましょう。

思考の枠組みを変えるアプローチ

行動変化は経験変化から始まる

ソーシャル・イノベーターといわれるレイチェル・ボッツマン氏は、「新しいアイデアの創造者は、人々に切り立った険しい崖を登れと頼んでいるようなものだ」と言います。

まずは、登ってくれそうな人たちに、馴染みのある動きや手掛かりを見せて、未知の要因を減らし、最初の一歩を踏み出してもらわなければならない（馴染みのあるものを見せれば不確かさは減るが、完璧を約束しているわけではない。リスクはまだある）。それから、その切り立った岩肌を登ればどんないいことがあるのかを説明しなければならない。最後に、先にその崖を登っている人たちが、その体験を楽しんでいることを伝えなければならない。間もなくすると、疑っていた人たちがわれ先に崖を登りはじめ、地上から遠く離れて、恐がっていたのが遠い昔の思い出になる。

『TRUST 世界最先端の企業はいかに〈信頼〉を攻略したか』

何かを行動に移そうとするとき、誰でもまずは自分ができるかできないかで考えます。一方で、子供の頃は自分のポテンシャルがわからず、高い塀から飛び降りてみたり、大きな川を飛び越えようとしたりします。ケガをすることもありますが、そうして成長していくわけです。

そこから**経験を重ねるうちに、気付けば自分のポテンシャルを制限してしまうようになる**。すると新しい経験をすることはできません。

例えば、事業で新たな挑戦に失敗して、傷ついた経験のある人がいたとします。その経験から、今後再び同じ痛みを感じないために、「新たな挑戦」という事象を「痛み」と意味付けします。すると「挑戦は失敗して痛みを伴う」と信じて、「新たな挑戦はしない」という行動を選択してしまいます。

この状況を変えるために必要なのが、新しい経験です。

実現したい未来に向けて、変化をつくっていく。「成果」を変えるためには、当然「行動」を変える必要があります。行動のベースとなるのは、その人の中にある「信念」です。信念が書き換わらなければ、行動変化は生まれません。

そして、信念は「経験」から生まれます。過去に「快」「不快」を感じた経験を認識した脳は、意味を加えて解釈し、今後はこういう行動をしたほうがいいという「信念」を形成します。

無理だと思うようなチャレンジが目の前に現れたとき、思い切って行動をして結果が出れば、新しい信念が生まれます。それをさらに大きなポテンシャルに変えることで、成功体験が積み上げられていきます。

必要な経験を一緒にする

私は商社でインドネシアでの新規事業立ち上げの仕事に関わったことがあります。

1990年代前半まで、会社はインドネシアに積極投資していましたが、その後のアジア通貨危機により大きな損失を被《こうむ》りました。そのことで、当時社内にはインドネシアのリスクが強烈な印象として残っていました。当初は、インドネシアでの新規事業の話を社内で出しても、「インドネシアは方角が悪い」と、俎上《そじょう》にも乗らない状況でした。

そんな中、インドネシアでのビジネスの責任者が、現地の大手財閥との関係を構築し、財閥のトップと本社の各部門の役員との面談を設定しました。これにより、本社役員のインドネシアに対する印象が変わり始めます。

その後、財閥との共同事業検討のリード役として、私がインドネシアへ長期出張することになりました。私はインドネシアという国の持つ魅力やポテンシャルに魅了され、日本に戻るたびに本社の副社長、本部長、部長などにその魅力を伝えて回りました。彼らがインドネシアに来る機会もセッティングし、少しずつ呼び込みました。

結果的にインドネシアは本部内での注目国に変わり、新規で4案件が立ち上がりました。

本社役員の意識と行動が変わったのは、現地に行き、インドネシアが持つ魅力を実際に体感したことがきっかけです。**新たな経験が、新たな信念を生み、それが新たな行動に繋がります。**

熱狂するリーダーは、自分に経験があったり、解像度高くビジョンが見えていたりすることで、疑うことなく行動に繋げられます。しかし、メンバーは「本当にそんなことが実現できるのか」と、確信を持てなくなることもあります。そのときにみんなの気持ちを同じレベルに引き上げるためには、必要な経験を一緒にすることです。

これまでと違った経験をするから信念が書き換えられて、行動が変わる。そうした共通体験を通して、チーム全体の新たな行動を生み出す。新たな経験をデザインするような仕組みが必要です。

今とは違う場所を見せる

人間の変化をつくっていくためには、思考の枠組みを変えることからです。会社やチームの枠組みだけで捉えていると、その中での最適な行動しかしなくなってしまいます。

私は商社に入社してまずは税務に入り、その後会計、人事、経営企画へ異動した後、海外での新規事業立ち上げの部門に入りました。同じ会社の中でも、それぞれまったく違う仕事です。どういった成果を出すことを求められているかをベースに物事を考えて行動する経験になりました。

部門を越える、会社を越える、業界を越える。思考の枠組みを拡張していかなければ、集まる情報も限られてしまいます。そのままでは、当然行動も変わりません。

リーダーは、**メンバーが見ている思考の枠組みを理解しながら、それを広げていく経験を提供**しなければいけません。異業種の経験を積ませることもあれば、別のチームに行かせて違う仕組みを吸収させるといったこともあるでしょう。

違う場所を見せるということは、一見ハードルが高く感じるかもしれませんが、異動や転職でなくとも、日常の中で見える世界を広げる努力はできます。

ライフネット生命の創業者である出口治明《はるあき》氏は、人間が賢くなるために必要なのは、「本・人・旅」の三つだと話します。自分の思考の枠を越えるには、日々の行動に慣れないこと、同じことを繰り返さないことが大切です。

今までとは異なるジャンルの「本」を読んでみる、新たな趣味を始めて新たなコミュニティの「人」に会ってみる、今まで行ったことのない場所へ「旅」をする。そうやって、自分の中の枠を広げることで、その変化を楽しむことができます。

メンバーの思考の枠組みを変える上で、お勧めの「本・人・旅」を紹介してみる。小さなことのようにも感じますが、大きな変化を生む一歩となるのかもしれません。

モチベーションを引き出す本当の方法

人をやる気にさせる「伝え方」

危険な旅に加わる男子求む。わずかな給料。凍える寒さ。何十時間も続く漆黒の闇。絶え間ない危険。無事帰れるかは疑わしい。名誉と称賛が成功報酬となる。

これは、探検家のアーネスト・シャクルトンが、1915年の南極探検で遠征隊員を募集するために英タイムズ紙に出した広告の文章です。過酷な状況が待ち受けているにもかかわらず、応募者は殺到しました。

リーダーが周囲をしっかりリードできているかどうかを測る方法があるとすれば、メンバーの目を見ることです。**メンバーがつまらない顔をしているのは、目標がつま**

らないものだからです。それに、同じ目標であっても、伝え方によって相手のモチベーションは変わります。

私は商社に入った当初、会計で国際税務の仕事をしていました。将来起業したいと考えていて、まずは数字の勉強をするために選んだ部署です。細かな数字を管理するのは苦手な分野だったので、とても苦労していました。

社会人2年目になるときに、ある後輩が入ってきました。学生時代に税理士の資格を取っていて、起業の経験もあるといいます。自分が教えられることは何もないと思っていましたが、とても仲の良い関係になりました。

私たちの仕事は、支払った税金が二重に課税されないように、正しい処理がされているのかを確認する作業でした。確認する案件数は、数千件に上ります。1件1件の金額規模は小さく感じられるかもしれないし、単純作業とも言える。後輩に対して、これがどんな意味を持つ仕事なのかを話しました。

「この会社では海外に投資して未来をつくる仕事をしている。自分たちの仕事の一つひとつは小さな処理かもしれないが、投資家や銀行に資金提供してもらえているのも、日々正確な作業をすることで信用を得られているからだ。日本を背負う大きな社会的意義のある活動をするための、重要な仕事なんだ」

捉え方を変えれば、目の前の仕事の意味も変わります。

人と働くときにはその仕事が社会に対して意義のあることだと強く信じて、相手にもそのことを伝えることが大事です。今取り組んでいるプロジェクトの意味や、それがどんな結果を生むのかを話す。その上で、現在の進捗や情報を共有します。

いくらリーダーが意義のある仕事だと思っていても、メンバーの目が輝いていなければ、やり方が間違っているはずです。**「一度言ったら伝わる」と思っているのは伝えた側だけ**です。繰り返し強く伝えていくことでしか、熱量は伝わりません。

メンバーに環境と機会を与える

人間は「こんなもんでいいや」と考えれば、どんどん低いほうに流れてしまいます。「80点でいいや」なのか、「なんとか100点を取ろう」なのか、そのラインをどう引き上げるかがとても重要です。

メンバーの意識のベースになるのが、先輩や上司による成長の支援です。

人の成長に関して「7・2・1の法則」というものがあります。人は7割を「仕事上の経験」、2割を「上司や先輩からの助言やフィードバック」、残り1割を「研修などのトレーニング」から学ぶというものです。

成長支援はすぐに成果の出るものではなく、長期的な取り組みが必要です。外部研修にお金を使うことはもちろん、それ以上に、上の立場の人の時間的なコミットメントが欠かせません。ただ、そのためにコスト面で前向きになれない会社も多い。**人を育てることに使う時間の総量が、組織の力**なのかもしれません。

私が働いていたコンサルティングファームでは、第一線で活躍する人たちが後輩の教育にいちばん時間を使っていました。人を育てることを、若い人に任せない。ある教育責任者に聞いたら、「人の育成に費用対効果は一切考えず、人に投資を続ける」と言っていました。

自分たちも結果が出ない時期があったけれど、当時の上司が自分を信じて仕事を任せてくれた。上の人たちの期待に応えようと思って頑張っていると、突然グンと伸びるときが来る。そうした経験を自分もしてきたからこそ、ほかの人にも機会を与え続けようと思うのだそうです。

自分の強みを伸ばす環境も大事ですが、その環境を与えるだけではなくて、活躍の舞台を提供することも必要です。短期的に結果が出なくても、どんどん打席に立たせながら、その人の中長期の成長にコミットする。

上司やリーダーがどれだけ厳しく言っても、愛がなければ人は育ちません。ピラミッド型の組織でもフラットな組織でも、中心に愛があればメンバーはそこに報いようと頑張り、周囲も応援します。

みんなが短期的な自分のことだけを考える組織になってしまえば、1＋1が3以上になる力学は働きません。やはり人間は自分のために頑張れることは限られている。恩を受ければ恩を返したいと思うし、お世話になったからこそ、次の時代に繋ぎたいと思う。それが強い組織をつくります。

効果的な称賛とフィードバック

人をやる気にさせるには、褒めることが大事だといわれます。これは間違いないでしょうが、一方で、この構図ばかりを続けていると「褒められたい」「認められたい」という依存性をつくり出しやすいという面もあります。

アドラーは、褒める代わりに、対等な関係を前提とした感謝と敬意を示すことで勇気付けることが大事だと言っています。「ありがとう、このチームにいてくれて」「あなたはほかにはない力を持っている」というように、相手がさらに一歩踏み出すための勇気を与えるような視点を持ちましょう。お願いする人と対応する人という構図ではなく、相手を尊重して感謝や敬意を示す「称賛」が重要です。

効果的な称賛の方法として、三つのポイントがあります。

①成果から間隔を開けずタイムリーに

称賛のタイミングは、目標達成の直後など、あまり間隔を開けずに実行することが効果的です。称賛のメリットは、感謝の気持ちを示して関係性を深めることに加えて、チームにとっての喜ばしい行動に本人に自覚的になってもらうことです。行動の結果と称賛のタイミングを近くすることで、脳に印象付けることができます。

②みんなの前でオープンに

称賛は、特に仲間や顧客から送られると相手に対する愛着心が湧き、仕事がより楽しいものになります。

また、ほかのメンバーが称賛のコメントを聞くことで、チーム内にベストプラクティスが浸透する機会にもなります。

③メリハリを付けて継続的に

目標を達成するたびに表彰をしているとその効果が下がるので、特に重要な目標を達成したタイミングで大きく称賛することが効果的です。

小さな目標達成のタイミングでは、全体ミーティングで感謝を送るなどしてみんなで喜び合いましょう。メンバーのモチベーションを向上させ、チームの関係性を深めることにも繋がります。


また、**結果ではなくプロセスのポジティブな点を言語化する**ことで、新たな気付きを与えるきっかけになります。

何かにチャレンジして良い結果が出た。次の機会に結果を再現できるかどうかはわかりませんが、プロセスは自分で行動選択するものであり、再現可能です。

ただ、その選択が無意識になっている場合もあります。成果に繋がる行動と繋がらなかった行動を自覚させることで、意識的に成功確率の高い選択をするようになります。

「あなたのこの行動で、私にこんな感情が生まれた」「あなたがこれをしてくれるから、私も働きやすい」というように、具体的にポジティブな点を言語化して伝えることで、このやり方が有効なのだと自覚するようになる。そうして選ぶ行動が明確になっていきます。


以上、本章ではリーダーの熱狂に人を巻き込む方法について考えました。最終章となる次章では、集まった人たちのエネルギーを引き出し、熱狂するチームをつくる方法についてお話しします。

質の高い関係性の中で、それぞれがチームの存在意義を認識し、共通目標に向かって進んでいく。それが自己実現にも繋がる。楽しく結果を出すチームを築き上げましょう。

04

熱狂の航海に出よう

「全速前進！」を支えるもの

熱狂の根幹にある四つの要素

チームの熱狂の根幹にある要素は、第1章で「人が輝く四つの条件」として挙げた**「共通目的」「自己重要感」「自律性」「関係性」**です。

「共通目的」は、みんなが同じ方向を向いて進むためのものです。第1章では個人の「ビーイング」「ビジョン」「バリューズ」を考えました。本章では熱狂するチームをつくるために、チームとしての「パーパス」「ビジョン」「バリューズ」の三つに分けて考えていきます。

単純に同じ目的を持てばいいというわけではなく、魂が揺れるほどの強い意義を感じられる目的が必要です。

そのためには、「なぜ自分たちのチームが存在するのか？」といった「Ｗｈｙ？」を定義する「パーパス」と、「チームとしてどのような未来を実現したいのか」を示す「ビジョン」に、メンバーが強く共感することが必要です。メンバーがこの二つを自分事化することで、チームへの所属意識が高まります。

ただし、それだけでは実際の行動には繋がりません。日常の行動基準となる「バリューズ」に落とし込みます。

そうして目標に向かって進んでいく中で、自分がチームの役に立っている、チームが会社や社会の役に立っているという実感を得られます。そして、その過程で生まれる強い「自己重要感」が、働く人の熱量を高めます。

加えて、チームがうまくいくときも悪いときも、自分で考えて動く「自律性」が必要です。このためには「戦略と目標」、メンバーがどう動くかといった「役割」がメンバーにとって納得できるものでなければいけません。

そして、個の自律性を持った行動と、チーム全体の目標達成に必要な行動をリンクさせるためには、チームのルールとなる「仕組み」の整備が必要です。

これらの要素を決める前段階として、「関係性」を高めていきます。また、各要素をみんなで話し合って決めていくこと自体が、関係性を高めることにも繋がります。

熱狂の航海のためには何が必要か

本章で決めるそれぞれの要素がどのような機能を持つのか、チームのみんなで航海に出ることをイメージするとわかりやすいと思います。

●パーパスは目的

パーパスは航海の目的です。「何のために、旅に出るんだろう？」ということを、チームで共有するためのものです。チームの存在意義とも言えるでしょう。

●ビジョンは目的地

ビジョンは航海の目的地です。最終的に得たい成果、実現したい未来をチームで共有するためのものです。

ただ「前人未踏の島に行きたい」というのではなく、「半径2キロくらいの大きさの島で、パパイヤやマンゴーが育っている。魚釣りをできる岸辺があって、森の中には鹿やイノシシもいて食べ物に困ることがない。島の中央にある山の頂上には、たくさんの財宝がある」といったように、ビジュアルとしてイメージを持てることが大事です。「絶対にここに行きたい」と明確にイメージできることが、試練を乗り越える原動力になります。

●バリューズは方位磁石

バリューズは方位磁石。「こういう行動を取っていれば目的地に近づいていく」という日々の行動判断の基準です。

目的地に向かって正しく進んでいるかどうかをチェックし、試練に直面して航路から逸れそうなときに、向かうべき方向を指し示してくれます。

●戦略と目標は地図と航路

航海の目的地は、遥か彼方にあります。船には限られた量の食糧や水、燃料しか積むことはできません。目的地に向けて真っ直ぐ進めばいいわけではなく、補給や休憩のための中継地が必要です。

それを踏まえて、目的地に向けた最短の、かつ自分たちの強みが最も生きる航路を地図上に描いてく。これが「戦略」です。

そして、その中継地一つひとつが「目標」です。「1カ月でA島まで行こう」「そこで食料を補給して、次のB島にたどり着こう」と決めていきます。バラバラに動くのではなく全体最適な行動のためには、戦略と目標が乗組員全員に共有されていることが必須です。

●役割

目的も決まって、目的地も見えて、方位磁石や航路を描いた地図もある。しかし、誰が舵を切るのか、誰が方位磁石や航路をチェックするのか、あるいは誰が料理をするのかが明確でなければ、それぞれが適切な動きを取ることができません。海を進むための「役割」が必要です。

●仕組み

船に新たな人を追加する、燃料や食料を調達するなどといった際に、誰が、どこまで意思決定できるのかの「仕組み」が明確でなければ、スピード感を持った主体的な判断ができません。

また、各クルーが得た情報や船全体の現状理解の情報がタイムリーに共有し合い、必要に応じて船全体の戦略や目標が軌道修正できる仕組みがあることも、自律的な働き方を支える上で重要な要素となります。

自分で決めなければコミットできない

金儲けのためにビジョンは要らない。ビジョンがなくても儲かる企業は間違いなくつくれる。説得力のあるビジョンがなくても、大金持ちになった人はたくさんいる。**だがあなたが金儲けだけが目的ではない、時代を超えて存続する偉大な企業をつくりたいなら、ビジョンが必要だ。**

ジム・コリンズ、ビル・ラジアー著『ビジョナリー・カンパニーZERO』

リーダーや経営者がメンバーの動きを全て監視して、トップダウンで細かく指示を出せば、統制の取れた組織をつくり上げることもできるのかもしれません。ただし、それでは主体性は生まれません。主体性が生まれなければ熱狂が生まれず、想定を超える成果を生み出すこともできません。
一方で、メンバーに権限と自由を与えて思うままに行動してもらう方法もありま
す。しかしこれもチームの勢いが続かない懸念があります。お互いの優先度や価値観
のぶつかり合いもあり、その衝突の解消に都度リーダーのリソースを奪われてしまい
ます。そうしてだんだんとチーム全体の熱が冷めていきます。

リーダーの熱狂によって巻き込んだ人を、さらに熱狂させる。そうしてチームの力
はどんどん大きくなっていきます。そのための最も大きなポイントは、**メンバーがビジョンやパーパスを自分事化できるかどうか**です。
初めはリーダーの掲げたビジョンに共感してメンバーが集まります。チームのパーパスも、大枠としてリーダーのビジョンから派生することになります。ただし、リーダーのビジョンがそのままチームのパーパスやビジョンになるわけではありません。自分たちの目線を入れてメンバー全員で考えていくことで、目指す未来の認識が揃います。
そこから「リーダーと自分」という関係ではなく、チームにメンバーがひも付いていく。**「チームの共通目的の達成のために、自分はどんな役割をすればいいのか」**と考

えることで初めて、効果的な行動を取れるようになります。

この過程を、全てチーム全員で決めていくことが必須です。

人間は、誰かが決めたことでは頑張り切れません。「数ある選択肢の中から自分はここで働くと決めた」「自分でこの目標を選んだ」という自己決定感がなければ、本当の意味での熱量は生まれません。みんなで考えるということは、一見遠回りのようでもありますが、それぞれが主体的に動く上で大事なアプローチです。

メンバーの関係性が船の速度を決める

お互いに依存できるチームをつくる

パーパスやビジョンを考える前段階として、関係の質を高めていくアプローチが必要です。まずは、メンバー同士の関係性がチームにどう影響するかを考えていきましょう。

本書ではチームを対象に熱狂するための方法をお話ししていますが、「チーム」という言葉にもさまざまな定義があります。ここでは、「ワークグループ」と「チーム」の違いを考えてみます。

両者の最も大きな違いは、**「相互依存性」**の強さです。効果的なチームはお互いがお互いを必要とし、強く依存し合いながら大きな目標に取り組みます。一方、ワークグループは依存性が弱く、個々がタスクをこなしています。

例えば新入社員のように、経験が浅く能力も低い間は、上司や先輩に依存します。そこから成長することによって、自立できるようになる。自分の仕事は自分で行い、自己決定できます。そこからさらに成長することによって、周囲との関係性の中でより効果的な動きができるようになります。

お互いがお互いを必要とし、そのチームのメンバーでなければできない仕事をできるようになる。これが相互依存です。身体的なハンディキャップを持つ方から、「本当の意味での自立とは、多くの人に依存している状態だ」という話を聞いたこともあります。

前述しましたが、「創造性」とは、既存の情報の組み合わせによって生まれるものです。チームにとって大切なのは、ゼロからイチを生み出す天才がいることではなく、いかに多様な大量の情報が接続されるかです。

自主的にチームに貢献したいと思う人は、個人の目標ではなくチームの共通目標に向けて動きます。一人ひとりの熱狂のエネルギーが自己実現を超えて他者への貢献に集約される。ほかのメンバーの熱狂も自分の夢の一部だと捉えて応援する。結果、新しいアイデアを生んでいきます。

チームのパフォーマンスに影響を与える因子

Googleの「プロジェクト・アリストテレス」が社内180チームを対象に調査したところ、**高業績を予想する最も確実な方法は、そのチームに信頼の文化が育まれているかどうかを見ること**だとわかりました。真に重要なのは「誰がチームのメンバーであるか」よりも「チームがどのように協力しているか」、つまりメンバーがほかのメンバーやチームそのものを信頼しているかどうかだということです。

チームのパフォーマンスに影響を与える因子を重要な順に表すと、次のようになります。

①心理的安全性

メンバーが、リスクのあるチャレンジをすることに対して、ほかのメンバーから批判を受ける不安を感じない（心理的安全性の低いチームでは、メンバーは自分の失敗を周りから批判されることを嫌がって、思い切った行動を取らない）。

②相互信頼

メンバーが、ほかのメンバーは決めた時間内に高い成果を上げられると信じている（相互信頼の低いチームのメンバーは責任を転嫁する）。

③構造と明確さ

メンバーの役割分担が、きちんと決まっている。向かうべき目標やそれを達成するための計画が明確である。

④仕事の意味

メンバーが、チームの仕事に意味を見出している。

⑤インパクト

メンバーが、チームの仕事が社会に対して良い影響をもたらすと考えている。

メンバーのチームに対する信頼は、最初はリーダーを含めたほかのメンバーへの信頼から生まれます。自分の弱さを開示しても受け入れられ、助け合える環境かどうか。ありのままの自分でいられる場かどうか。自分は気に掛けてもらっていると感じられるかどうかです。

そこでメンバー間の信頼が構築されると、**メンバーの間にチームへの帰属意識が醸成されます。**

心理学に「返報性のルール」というものがあります。これは「他人から何らかの恩恵を受けたら、自分も同様のお返しをしなくてはならない」という心理の動きです。

これはチームと個人の間でも存在します。チームの中で恩を受けた経験があれば、チームに対してお返ししようという気持ちになるものです。

そして、助け合う行動はチームの文化として浸透し、その文化への共感がチームへの帰属意識を高めます。学生の頃に所属していた部活に対して、卒業して数年経ち、現在のチームのメンバーを誰も知らなくても、今でも応援したり、貢献したいと感じたりする人は少なくないでしょう。

チームは、それぞれが長所を発揮し、お互いに不足する能力を補完するためにあるものです。チームへの信頼、帰属意識が醸成されると、そのチームに所属していることが自分の中での強いアイデンティティとなります。チームの問題が自分の問題へと変わり、より強い主体性やコミットメントが生まれる、それがチームの高いパフォーマンスへと繋がります。

お互いの価値観を理解しているか

マサチューセッツ工科大学のダニエル・キム教授が提唱する「成功循環モデル」の中で、組織の関係の質とパフォーマンスの関係性が説明されています。

このモデルでは、組織を四つの「質」で捉えます。

周囲との関わり方やコミュニケーションといった「関係の質」が高くなると、お互いに尊重し、共に考えることで自然と考え方も前向きになります。目的意識が高まって「思考の質」が上がります。「思考の質」が上がると、積極性や主体性が高まり、お互いの連携により「行動の質」が高まります。そうして成果が生まれて、「結果の質」が高まります。すると、ますます関係の質が高くなっていきます。

個人的なスキルや能力を磨いて、依存型から自立する。そこから相互依存して共通目的に向かって進んでいく。そのための**第一歩は、チームメンバーの関係の質を高めること**です。

成功循環モデルの中で「関係の質」は5段階で表現されています。次ページは、チームでの関係性を考える上でわかりやすいように、著者が一部アレンジしたものです。リーダーはメンバーのことを、またメンバーはお互いのことを、どのレベルで理解し合えているでしょうか。お互いの大切にしている考えや目的を共有し合い、価値観を理解し合える段階まで、関係の質を引き上げることが大切です。

組織の成功循環モデル

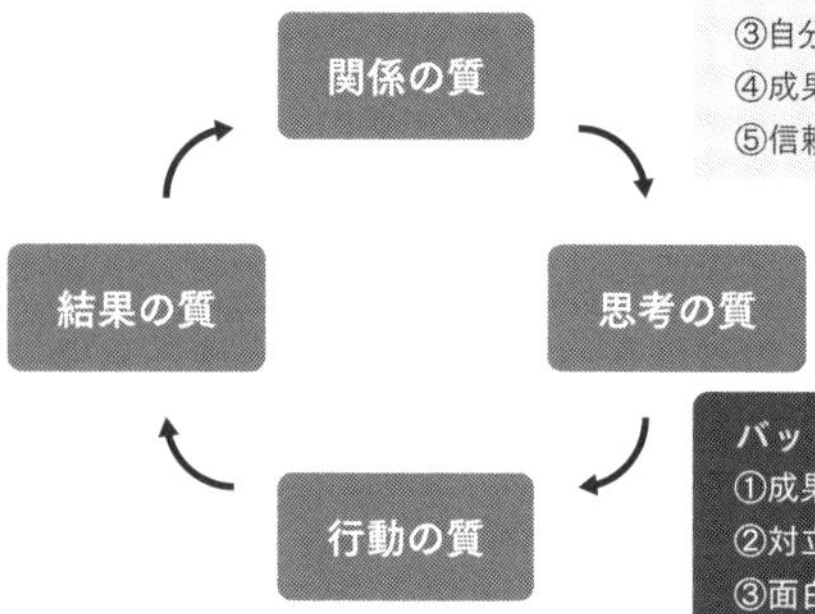

グッドサイクル
①お互いに尊重し、一緒に考える（関係の質）
②気付きがある、面白い（思考の質）
③自分で考え、自発的に行動する（行動の質）
④成果が得られる（結果の質）
⑤信頼関係が高まる（関係の質）

バッドサイクル
①成果が上がらない（結果の質）
②対立、押し付け、命令する（関係の質）
③面白くない、受け身で聞くだけ（思考の質）
④自発的、積極的に行動しない（行動の質）
⑤関係が悪化する（関係の質）

ダニエル・キム提唱

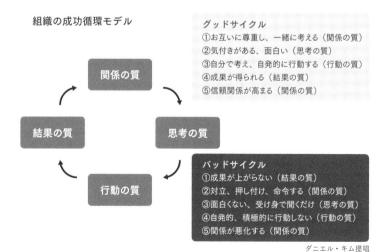

関係の質のレベル5段階

レベル1　必要最低限
- どこの部署の人か知っている。
- 会社の役員だと知っている。
- 別の部署の有名人だと知っている。

レベル 2　属性・個性の共有
- 一緒に仕事をしている。
- 話をしたことがある。
- お互いの名前や趣味などを知っている。

レベル 3　考えの共有
- 仕事の意味を理解し合っている。
- 相手の仕事や状況を理解し合っている。
- 自分の考えや気持ちを素直に伝え合っている。

レベル 4　目的の共有
- 仕事の目的やビジョンを共有している。
- 目的達成に必要なことを遠慮なく話し合える。

レベル 5　価値観の同化
- お互いの価値観を理解し、聞かなくても行動の背景にある考えや想いがわかる。
- 行動選択の判断基準となる価値観の刷り合わせがされている。

ダニエル・キム提唱「成功循環モデル」を著者が一部アレンジして作成

次から説明する各要素は、個々の意識を引き上げると同時にチームの意識を揃えるための共通言語でもあります。また、策定することそのものが関係の質を高めます。各要素のつくり方について詳しく説明していきますが、本書のやり方通りではなくても問題ありません。その過程を踏むこと自体がチームの力を強くすると考え、取り組んでみてください。

船出の前にお互いを知る

ディスカッションのルールづくり

ここからは、チームの熱狂を生むための具体的なワークをお伝えします。その過程では、メンバーそれぞれがどうありたいかに加えて、チームとして向かうべき場所をじっくり考えることが必要です。また、過去、現在、未来を行き来しながら考える部分もあり、右脳的な要素も多く使います。

そのため、日々の業務とは異なる環境で、長時間の場を設定することが効果的です。できれば会社とは違う場所を用意し、1、2日間かけて話し合いましょう。

最初に、ディスカッションのルールづくりをします。パーパスやビジョンを決めていく上では、チームの濃い議論が必要になります。普段、業務上でしかコミュニケーションを取っていないメンバーに、いきなり「ありたい姿」を聞いても、本音は聞こえてきません。また、抽象度が高く正解のない議論のために、上長の意見に引っ張られてしまいがちです。

そこで、お互い守るべきルールや考えを決めることで、年齢や役職を気にすることなく、それぞれが**議論に集中しやすい状態をつくる**ことができます。また、議論がうまく進まなくなったときには、事前に合意したルールに立ち戻ることで、個人を否定することなく、議論を前に進めるきっかけを見つけることができます。

まず、次のような質問に対してチームで話し合います。

Q1 チーム内に、どのような文化、雰囲気をつくりたいですか？
Q2 チーム内で、どのような考えや思いを大切にしたいですか？
Q3 メンバーそれぞれが、お互いに対して何を約束しますか？
Q4 Q1～3で決めたことを実践できているか、どうすればわかりますか？
Q5 決めたことを守るのが難しくなったとき、どのように対応しますか？

ここで決まった内容を紙に書き出します。一人の意見に引っ張られずに、一つひとつの言葉にみんなで合意するまで話し合うことが重要です。

ライフストーリーの共有

パーパスやビジョンを決めるということは、「自分たちは、こういう存在として生きたい」と、自分たち自身でこの世に旗を立てる行為です。メンバー個人の願望や経験と結び付いていなければいけません。**それぞれのありたい姿や思いをぶつけ合いながら生まれる言葉が、熱狂の火種となります。**

個人の思いを引き出すため、お互いのラ

ディスカッションのルールの例

- 良い意味で空気を読まない
- タメロOK
- 否定しない
- “イイね” サインで同意を示す
- 本音で話す
- 楽しむ
- ポジティブな好奇心を持つ
- “もやもや” を隠さずに伝える

イフストーリーをシェアします。これはパーパス・ビジョン・バリューズの材料にもなります。

ステップは大きく三つです。

STEP①

その人の人生の物語を過去、現在、未来の時間軸で共有します。次のような方法で、それぞれがシェアしていきます。

①大好きなもの、人生最高の瞬間

自分らしさが伝わる写真を貼るなど、スライド1枚で自由に表現します。文章はあってもなくても問題ありません。実際には写真だけを貼って、口頭で補足説明するケースが多いです。

②人生曲線

第2章ではリーダーの人生曲線を描きました。メンバーにも事前に準備しておいてもらうとスムーズに共有できます。

③5〜20年後のワクワクする未来

「○年後の自分は、どこで、誰と、どんな生活を送っているのか」。最高の姿のイメージが伝わる写真や絵を貼ります。こちらも①と同様に、文章は任意です。

何年後を設定するのかは、イメージしやすいように各自設定します。大切なのは、その人が今後どのような人生を送りたいと考えているのか、今後の物語をお互い理解し合うことです。そこに共通点が見つかるかもしれませんし、現状では見えない、その人の意外な夢や願望を知るきっかけになることもあります。

④大切にしている言葉

自分の苦しいときを支えてくれた言葉、恩師から授かって大切にしている言葉、本や映画で知った大好きな言葉などをシェアします。

STEP②

誰かが共有した内容に対して、ほかのメンバーが意識的に反応を示すようにします。「そうだね」といった反応で受容感が生まれ、「私もそう」といった共通点を知ることで親近感が湧きます。

お互いがすごいと思ったこと、共感したことなどをポストイットやメモに書いて共有しましょう。本人へのフィードバックになるとともに、チーム全体に共通する思いや価値観が見えてきます。

STEP③

ここまでのステップでシェアした内容をもとに、チームの中で共通する価値観を確認します。「このチームはこういうことを大事にするんだ」と共有することで、チームに個性が生まれます。また、「こういう自分が受け入れられる場なんだ」と感じることで、安心して自分を表現することができます。

共感した内容などをシェアする

○○さんへ

"最高の人生"の実現。お子さんと向き合った時のお話を聞いて、涙が出ました。
ありがとうございました。

Aより

○○さんへ

お話、どれも共感しながら聞いてました。○○さんは、ビジネスやライフコーチだけでなく、スポーツのコーチングも経験されていることが、スペシャルに輝いて見えました。○○さんの表裏のご経験がこれからすべて力になりますね。応援しています！

Bより

○○さんへ

私も旅や自然遊びが大好きです。
仕事以外でも、今度一緒に何かできそうで、聞いていてワクワクしました！

Cより

○○さんへ

○○さんの、今の人に対して真っすぐ向き合う姿勢の背景には、20代の時の壮絶な挫折経験があったのですね。○○さんが大切にされている人を信じる気持ち、感謝、愛、全てのお話が自分の経験や想いと重なり、共感しっぱなしでした。

Dより

チームに共通する価値観を確認する

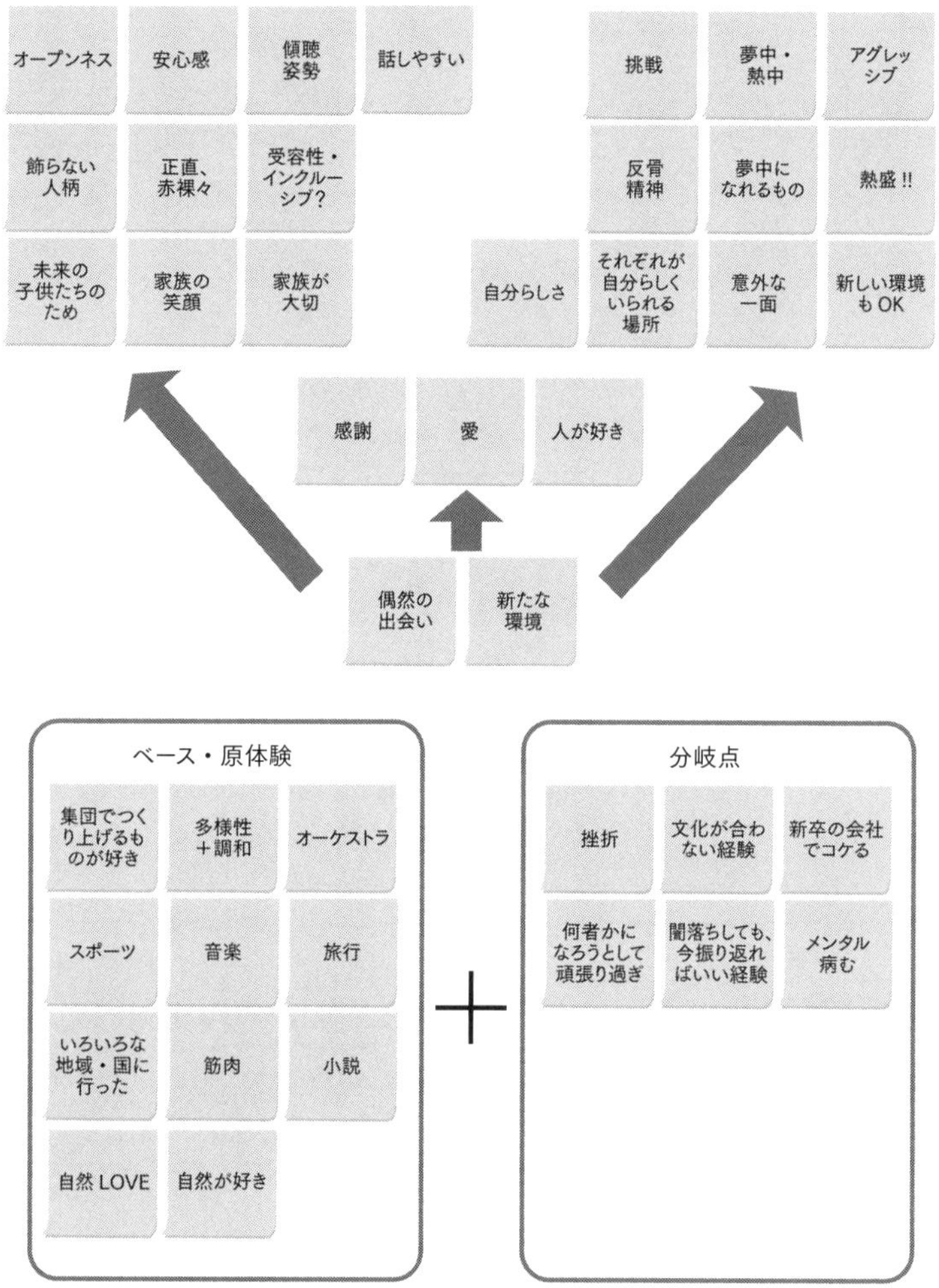

なぜ、船を出すのか

自分たちが存在することで世の中の何が変わるのか

パーパスとは**「なぜ、このチームが存在するのか?」**という、「Why?」を定義したものです。「このチームが存在するのとしないのとでは、社会はどう変わるんだろう」「自分たちはどんな課題に対して、どんなインパクトを与える存在でありたいのか」といった、チームの存在意義について共通認識を持つことが、パーパスをつくる目的です。

多くの企業では、広報メッセージなどでパーパスを表現していますが、外に向けて発信すること自体は本質ではありません。中にいる人たちがパーパスを心から信じていることが大事です。

それは会社が選んだビジネスのフィールドやお金の使い方など、嘘偽りなくパーパスを中心に置いた経営をしているかどうかにかかっています。結果的に、その実態が外からも見える時代になっています。表面的なＣＳＲに取り組むのではなく、パーパスを中心に経営を設計していくことが、今後の企業成長において重要です。

リーダーシップ論で知られるサイモン・シネック氏は、TED TALKの中で、「Ｗｈｙ？」の必要性を示す例としてライト兄弟の話をしています。

ライト兄弟が飛行機の開発をしていた頃に、同じように飛行機開発をしているグループがありました。彼らのリーダーはハーバード大学卒の優秀な人物。陸軍などから資金援助を受けて、経済的にも有利でした。

一方でライト兄弟は大学を出ておらず、経済的にも十分ではありませんでした。しかし結果、前者は成功に至ることはなく、何回も失敗しながら挑戦を続けたライト兄弟が、人類で初めて空を飛んだのです。

両者の違いは、「Ｗｈｙ？」の部分にあります。「成功して有名になりたい」といったモチベーションではなく、「自分たちの発明が社会を大きく変えるはずだ」と信じる気持ち。そこに熱狂が生まれます。

みんなで一つの言葉をつくり上げる

パーパスはチームを一つにまとめて熱狂を生み出し、成果を高めるためのものです。会社ですでに定義されているパーパスやミッションとの直接的な繋がりを意識するよりも、自分たちの言葉で表現することが重要です。

第2章で考えた個人のビーイング同様に「どんなインパクトを与える、どんな存在（比喩）か」というステートメントにまとめます。綺麗な文章、耳当たりの良い言葉は必要ありません。大切なのは、**お互いが大切に感じている価値観や思い、それぞれの人生の物語を共有した上で、共に議論して一つの言葉をつくり上げる**ことです。

具体的なパーパスの例として、次ページのようなものがあります。ただ、「このように考えればいいのだ」と捉えると、本当に自分たちの大事なことを言語化できなくなります。どんな表現でも問題ありません。参考程度に考えてください。

・A 社総務部のパーパス

社員が前線に飛び出し、挑戦し、
安心して戻れる場所をつくるおかあさん

前線に飛び出した社員が安心して戻ってこられるような基盤をつくりたい。おかあさんのように、安心感や愛情を与えられる存在でありたい。

・B 社新規事業開発チームのパーパス

前に出て時代を切り拓くチームバルサ

自分たちが最先端の技術で新たな価値を創り出すことで、会社や社会の未来を創るインパクトを与えたい。

また、プロサッカーチームのバルセロナのように、それぞれが高い専門性とプロ意識を持ち、楽しみながらも良いパス回しから結果を出し、周りから憧れられるような存在になりたい。

パーパスをつくる4STEP

パーパスをつくる過程は、大きく四つに分かれます。

STEP①

メンバーそれぞれ、個人で次の質問の内容をポストイットに書き出します。

Q1 このチームのすごいと思うところはどんなところですか？

Q2 今、ほかのメンバーに感謝していることは何ですか？

Q3 今、このチームが一緒になったのはなぜだと思いますか？

Q4 このチームのメンバーの、ほかにはない特徴はどんなことですか？

Q5 このチームの使命、果たすべき役割は何ですか？

Q6 このチームにネーミングするならば、どんな名前が適切だと思いますか？

STEP②

STEP①でそれぞれが考えた内容を、ホワイトボードや模造紙に貼り出します。すると、共通点や共感する項目が出てきます。もちろん、自分にはない考えが出てくることもありますが、心理的安全性が築かれている場であれば、それぞれの違いがチームに必要な資産だと理解できるようになります。同じ時代に生まれ、今こうして同じチームとして出会ったのは偶然ではなく、必然だったと感じられ、お互いを尊重する気持ちが高まります。

「お互い同じだね」「私は考えてなかったけれど、こういう考え方も大事だよね」と確認する中で、チーム全体で大事にすべき価値観が明確になっていきます。

STEP③

STEP②で確認した価値観を参考にしながら、次の文章にまとめます。

「私たちは、〇〇する（どんなインパクトを与える）、△△（存在）です」

まずは思い付くワードを並べてみましょう。先ほど紹介したA社総務部のチームでは、与えたいインパクトとして「心地良い船を作る」「安心感」「フロントが安心してチャレンジできる環境」「人生と仕事を刷り合わせる場の提供」などが挙がりました。また、「(存在)」の部分は「寄り添う存在」「受け入れる&繋げる存在」などが出てきました。

そうしてイメージを膨らませていく中で、あるメンバーの、「会社のみんなを蜂だとすると、フロントのメンバーは外に餌を取りに出る役で、私たちは彼らが安心して戻って来られる巣を作るようなイメージ」といった発言にみんなが共感しました。

そこから「前線に飛び出した社員が安心して戻れる場所をつくるおかあさん」というパーパスに決まりました。

ここでつくり出す文章は、対外的に発表するものではなく、チームとして共通認識を持つためのものです。チームとしてのありたい姿として、みんなが共感できる言葉に落とし込みましょう。

STEP④

パーパスは自分たちの熱を高めるとともに、多くの人の共感を生むためのベースになるものです。「財宝を獲ってお金持ちになりたい」といったことではなく、社会的な意義の観点も含めて考えましょう。

先ほどのワークでパーパスを一度定義した後に、一歩引いてパーパスの内容が社会や会社のニーズへフィットしているのかを考え、文言を磨き込みます。「このチームがあるのとないのとでは世の中どう変わるのか？」という点で、「Ｗｈｙ？」に対する意味付けにもなります。


人は**「誰かのため」と考えたときに、より強いエネルギーを持つ**ようになります。

東日本大震災の2年後、楽天イーグルスは「がんばろう東北」を掲げて戦い日本一になりました。中でも田中将大《まさひろ》投手は24勝0敗というとてつもない記録をつくっています。これは間違いなく、東北の人々を元気にしたいという気持ちが力に変わったのでしょう。

ただし、あくまでパーパスの出発点は自分たちの経験をもとにした強い願望です。それぞれが個人の視点で思いを伝えてからチームの視点で議論をまとめ、最後に会社や社会の観点を入れて言葉を磨くといった流れは崩さないようにしましょう。

旅の目的地を決める

「私には夢がある」

マーティン・ルーサー・キング牧師の、"I Have a Dream"というスピーチをご存じの方は多いと思います。奴隷解放宣言から100年後、それでもなくならない黒人差別に対するメッセージです。

私には夢がある。それは、いつの日か、この国が立ち上がり、「全ての人間は平等につくられているということは、自明の真実であると考える」というこの国の信条を、真の意味で実現させるという夢である。

私には夢がある。それは、いつの日か、ジョージア州の赤土の丘で、かつての奴隷の息子たちとかつての奴隷所有者の息子たちが、兄弟として同じテーブルに着くという夢である。

私には夢がある。それは、いつの日か、不正と抑圧の炎熱で焼け付かんばかりのミシシッピ州でさえ、自由と正義のオアシスに変身するという夢である。

私には夢がある。それは、いつの日か、私の４人の幼い子供たちが、肌の色によってではなく、人格そのものによって評価される国に住むという夢である。

今日、私には夢がある。

私には夢がある。それは、邪悪な人種差別主義者たちのいる、州権優位や連邦法実施拒否を主張する州知事のいるアラバマ州でさえも、いつの日か、そのアラバマでさえ、黒人の少年少女が白人の少年少女と兄弟姉妹として手を繋げるようになるという夢である。（中略）

自由の鐘を鳴り響かせよう。

これが実現するとき、そして自由の鐘を鳴り響かせるとき、全ての村や全ての集落、あらゆる州とあらゆる町から自由の鐘を鳴り響かせるとき、われわれは神の子全てが、黒人も白人も、ユダヤ教徒もユダヤ教徒以外も、プロテスタントもカトリック教徒も、共に手を取り合って、懐かしい黒人霊歌を歌うことのできる日の到来を早めることができるだろう。

ワクワクする未来をクリアに思い描く

ビジョンの条件は、それを読む人聞く人が、「自分も実現したい」と感じることです。そのためには、ビジョンが実現した様子をビジュアルとしてイメージできるものでなければいけません。

例えば「チーム全員がマラソンで4時間を切る」というビジョンを立てたとします。しかしこのビジョンでは、「全員で頑張って練習して、本番で4時間を切った。やった、良かったな。でも家に帰ると妻からは、『あんたは好きなことだけやっていいわね』と言われ、肩身が狭い。来週末は子供の世話をしないとまずいな」といった結果になる可能性もあります。

これをより明確にイメージします。

「ゴールまであと2キロのところで沿道を見たら、チームの家族や会社のメンバーが垂れ幕を持って応援してくれている。子供たちがキラキラした目で残り200メートルを一緒に走ってくれて、ゴールする。チームのメンバーみんなで抱き合って喜んでいる」

細部を明確に描くことでモチベーションが変わりますし、歩むプロセスも変わります。

アメフト部の私の後輩の代では、「応援されるチームになろう」というビジョンを掲げました。

「試合に勝つ結果を求める」だけではなく「応援されるチーム」になるためには、単にグラウンドで頑張っているだけではだめです。部員以外の学校の仲間や周辺地域の人たちに、「この人たちの夢を応援したい」と思ってもらえるような行動をしていなければいけません。

誰かが授業をさぼったり飲食店で席を占領したりと、自分たちのことだけを考えた身勝手な態度を取っていれば、メンバー同士で「そんな行動では応援してもらえない」と厳しく指摘し合います。明確なビジョンを持つこのチームは、多くの人の声援を味方に付け、日本一になりました。

ビジョンをつくる5STEP

前述の通り、ビジョンはパーパスとの繋がりが重要です。自分たちで定めたパーパスを念頭に置いて、次のようにビジョンを考えていきましょう。

STEP①

まずはみんなで意見を出し合います。それぞれが望むチームの姿を自由に考えることで、よりメンバーの思いが乗ったビジョンになります。

「こんなことができればいいな」という漠然としたものではなく、「チームの中で人が育ち、どこでも活躍できるメンバーがたくさんいる」「お互いがプロフェッショナルとして尊重し合う、居心地の良い場になっている」などリアルなイメージで考えていきます。

STEP②

次の質問に対する答えを、チームメンバーそれぞれが個人で考えて、ポストイットに書き出します。

Q1 今後2～3年で会社や社会がどうなっていくと思いますか？

Q2 そのときにチームとしてどんな姿になっていたらいいな、と思いますか？

5年や10年といった長いスパンを同じチームでいるとは考えづらいでしょう。主体性を持って具体的に描ける未来として、2～3年の時間軸で考えます。

STEP③

STEP②で書き出した内容をホワイトボードや模造紙に貼り出します。

STEP④

それぞれの項目の中で共通する内容をグルーピングします。

例えば、社員数や収益といった事業規模に関する内容、グローバル展開したり認知度を広げたりという提供価値に関する内容、といったグルーピングです。それぞれの項目を見て、意味の近い内容でまとめます。

STEP⑤ 全体で話し合い、会社とチームの2種類のビジョンを文章化します。

①会社としてのビジョン

ここでつくるものは、会社の公式なビジョンではなく、チームと会社全体の方向性がズレてしまわないためのものです。

会社視点のビジョンを前提に議論することで、会社全体のために自分たちはどのようなことが実現できればいいのかといった視点を取り込めるようになります。例えば、会社がどのくらいのスピードで規模拡大しようとしているのかを理解することで、「このままだと部門や社員の心がバラバラになってしまう。自分たちはみんなを繋ぐハブとして貢献しよう」というイメージを持つことができます。会社全体の動きを理解しながらも、「自分たちは会社がこうなっていたらワクワクする」と、自分たちの目線で描きましょう。

会社全体の向かうべき方向性は、リーダーから事前にメンバーへインプットします。もしリーダーを含め会社の方向性を語れるメンバーがいない場合には、適切な人をチーム議論の場に呼んで語ってもらうようにしましょう。

②チームとしてのビジョン

会社のビジョンを議論した上で、チームとして「こうなっていたらいいな、ワクワクする」という姿をまとめます。

その取り組みによってどのような良い変化が生まれるのかというようにイメージを具体化しながら、チームの理想の姿を共通イメージとしてつくり出していきます。

そして、ここで決めるビジョンの大きさが、熱狂のレベルを決めます。個人のビジョンと同様に、意識をストレッチさせて考えましょう。

会社のビジョンの例

会社が上場し、黒字化を達成。財政基盤も強固。社員数は〇〇名規模に成長し、国内・海外に拠点が拡大。

社内でダイバーシティーがさらに進み、柔軟な働き方が尊重され、新しいスタイルの上場企業として認知される存在に。

提供するサービスは業界の最先端を走り、社会インフラとして認知される。地域やグローバルなクライアントからの喜びの声も多く聞こえてくる。

社会から注目される存在として、本が発売され、代表がテレビ番組の「〇〇〇〇〇〇」に出演するなど、メディアにも多く取り上げられる。社員が周りから「ああ！　〇〇で働いているんだ」と言われるようにもなっている。

グローバルに活躍する人材の輩出企業として認知される。卒業してから活躍する人も多い。

社員は誇りややりがいを感じており、みんなが「長く働きたい」「仲間を連れてきたい」と心から思える会社になっている。

数字として示せることであれば、10倍、20倍、100倍と思い切って大きく描く。それがまったく非現実的なものであれば人の心は動かないかもしれませんが、「そんな世界が実現できれば素敵だな」と感じることができるものであれば、多くの人の共感を生みます。

イーロン・マスク氏が「火星に行くぞ！」と言ったとき、バカげていると感じた人もいたでしょう。しかしそれができれば素敵な未来が広がる。そうしたビジョンが共感を生み、より熱量のあるチームに成長しているのです。

ビジョンに、「こういったものが正解」というのはありません。短くシンプルな言葉

チームのビジョンの例（総務チーム）

総務の常識を超えた会社や社会への貢献により、他企業のロールモデルとなり、総務の新たなスタンダードをつくる存在に。次々とテレビ取材の依頼があり、取り組みがリクルーティング雑誌にも取り上げられる。

会社の文化を体現したオフィスが完成。みんなの気持ちも爆上がり。注目を集めドラマの撮影にも使われる。

社内カルチャー浸透の起点となり、会社のサスピナリティ推進をリードする存在に。

社内の仕組みや制度がストレスなく回っている状態をつくり出している。アジャイルにスピード感をもって障害を排除してきた結果が、今の働きやすい環境づくりへと繋がっている。

で表現することや、キーワード＋文章といった形で表現するケースもあります。みんなが同じ未来を見ることができれば、どんなものでも問題ありません。みんなで話し合い、自分たちらしい表現へと落とし込みましょう。

進む方向は、合っているか

行動判断の基準を決める

ここでは、方位磁石となる「バリューズ」を考えます。バリューズと似た概念として、「経営理念」や「価値基準」といった言葉があります。細かな定義にあまり意味はありませんが、本書では**「日々、自分たちが大切にしたい行動判断の基準」**と考えます。

私の心に響いたのは、メルクという製薬会社の経営理念です。同社で開発した薬が、アフリカで流行していた視力を失わせる病気に効果があるとわかりました。ただ、その薬を必要としている人たちには、薬を買うだけのお金がありません。会社の収益性として考えれば、アフリカに薬を提供するという判断はできない。NGOやNPOに掛け合ったけれど、資金提供を申し出るところはありませんでした。

そのとき彼らは、「薬はまずお客様のためにある」という理念に立ち返りました。自社の社員とお金を使って、全て無償で提供。結果、その病気は世界からなくなりました。その後、同社の理念に共感した優秀な研究者がたくさん入社し、会社はより大きく成長しました。

もう一つの例として、私が働いていた三井物産では、会社が大切にする価値基準として「挑戦と創造」「自由闊達《かったつ》」「人材主義」の三つを掲げていました。社内の人事制度も、これらの項目が評価のポイントとして大きなウェイトを占めていました。

「挑戦と創造」という観点では、新たな価値創造のための挑戦に繋がる行動が、全社員に求められます。コーポレート部門であっても、前年と同じ仕事をしてミスのない成果を出しているだけでは評価されません。

「自由闊達」は、部下の声を聞く上司の度量と定義されていました。年齢や役職にかかわらず、自分の意見を言える雰囲気をつくれているかどうかが評価されます。

「人材主義」の面では、会社全体としての人材投資の額が相応かの確認に加え、上長の責任として人の育成に積極的に取り組んでいるのかを見られます。

このように、バリューズは日々の業務の行動基準になるものです。綺麗事のように感じる人もいるかもしれませんが、一貫した行動を取ることで、外部へのメッセージにもなります。それがチームの価値を高めることにも繋がります。

効果的なバリューズのポイント

バリューズを考えるときのポイントは大きく三つです。

一つ目は、**それに沿った行動をすれば、パーパスやビジョンの実現に近づくもの**であることです。

例えば「気楽に行こう」「フラットな関係で」というバリューズを考えたとして、それも確かに大事ではありますが、気楽に行動しているだけでは実現したい未来には繋がりません。

二つ目は、**具体的な行動に落とし込めること**です。

単に「挑戦しよう」というパーパスを決めても、実際にやるべきことがわかりません。挑戦とは、人がやったことがないことに取り組むことなのか、自分の限界を超えることなのか、「具体的に言うと、これってどういうことなんだっけ？」という視点でチェックしながらまとめていきます。

三つ目は、その**行動の結果として得られる感情が明確であり、心から取り組みたいと思えること**です。

人は「正しい」ではなく、「楽しい」と思わなければ、その行動を続けられません。「挑戦」というバリューズに向き合い、新たな行動をしたとします。そのとき、周りからの評価だけを目的としていれば、称賛がない限り喜びは得られません。「挑戦」することで、「自分自身の成長により新たな世界が見える喜び」を感じるのか、「自分への誇らしさ」を感じるのか、「新たな価値を生み出すことで、お客さんの喜ぶ顔が見える満足感」を感じるのか。得られる感情を基準にすることで、バリューズが自分たちにとってより大切なものへと変わります。

バリューズをつくる4STEP

それでは具体的に、バリューズのつくり方を解説します。

STEP①

次の質問に対する答えをメンバーそれぞれが個人で考えて、ポストイットに書き出します。

Q1 チーム内で共通すると感じる価値基準は何ですか？

Q2 チームのパーパスやビジョンの実現に必要な価値基準は何ですか？

ディスカッションのルールづくりで話した内容も参考にしながら、自分たちが大切にしたい価値基準を考えてみましょう。ビジョン実現に向けて、特に重要と思うものです。迷う内容も、いったん全て書きます。

STEP②

それぞれが書き出した内容を、全てホワイトボードや模造紙に貼り出します。

STEP③

貼り出した内容を見返し、共通する内容をグルーピングします。

例えば、「ホスピタリティ」「寄り添い」「支え合い」などの言葉が出てきたのであれば、「ギブ&テイク」という言葉に集約できます。近い意味の言葉を、一つ上のくくりでまとめるようなイメージです。

STEP④

全体で話し合い、バリューズを文章に落とし込みます。ポイントは次の通りです。

①チームで話し合い、優先順位の高いものから順番に並べます。

②それぞれのバリューズを体現する具体的な行動はどのようなものかを話し合います。

例えば、「当事者意識を持つ」といったバリューズであれば、「受け身にならない」「経営にも迎合せず、きちんと意見する」「違和感があれば言う」「臭いものに蓋をしない（面倒なことを放置しない）」などと考えます。それらも、バリューズの補足説明として書き出しておくと、実際に行動するときの認識がズレずに効果的です。

③それぞれのバリューズに沿って行動することで、どのような喜びの感情が生まれるのかを話し合います。

例えば、「当事者意識を持つ」ことにより「自分がチームを動かしているというやりがいや充実感を得られる」、「違和感があれば言う」ことにより「メンバーお互いを信頼し合える温かさや居心地の良さを感じられる」などです。

④改めてバリューズの文言を見直し、自分たちらしく、シンプルかつ強い言葉で5〜8個にまとめます。

熱狂の航路を描く

どうやってビジョンにたどり着くのか

ビジョンにたどり着くためには「戦略」が必要です。「この世界を実現できるといいね」「その道筋を僕らの時代で描こうよ」と盛り上がっても、**どうやってたどり着くのかがわからなければ、熱は一瞬で冷めてしまいます。**

戦略とは、**“Where to play（どこで戦うのか）”と“How to win（いかにして勝つのか）”**を決めることです。

事業の成功の大きな要因の一つは、「市場選び」といわれています。いくら釣りが上手な人でも、魚のいない池に竿を出していては何も釣れません。現在の市場規模や今後の成長性、競合状況なども加味しながら、“Where to play”を見極めることが重要です。

次に、市場を見極められても、"How to win"の勝ち筋が見えなくては成果を上げることはできません。その市場の中で、顧客が望むまだ満たされないニーズ（アンメットニーズ）を発見し、それを競合より高い品質（または安い価格）で提供できる筋書が必要です。

「やらないことを決めるのが戦略だ」ともいわれます。チームのパーパスやビジョンをベースに、自分たちの強みや特性と照らし合わせて、何をやるか・やらないかの優先順位を決めることが大事です。

マイクロソフトのサティア・ナデラ氏は、パーパスをベースに戦略を見直し、変革を成功させました。

創業者であるビル・ゲイツ氏がCEOを務めていた当時のマイクロソフトのミッションは、「世界中の机と家に1台のコンピューターを」でした。パソコンが今ほど普及していない時代では妥当な内容ですが、今はスマホを1人1台持つ時代です。その後、スティーブン・バルマー氏がCEOに就任してからも、自社OSで動くソフト販売の成功体験に縛られ、世の中のモバイル化、クラウド化の流れに取り残されます。

ナデラ氏は2014年にCEOに就任すると、「地球上の全ての個人と全ての組織が、より多くのことを達成できるようにする」とパーパスを再定義します。ユーザーのパソコンがWindowsかMacかに関係なく、全ての企業や個人が力を得られる製品を作ることが、マイクロソフトの存在意義であると定めたのです。

社員向けのレターでも、マイクロソフトの企業としてのパーパスとアクションは、世界の問題解決に向けたものでなければならないと断言し、ほかの企業とも協力して迅速にアクションを進めると誓いました。

マイクロソフトの旧来の戦略は、ライバルを徹底的に打ち負かすことに主眼が置かれていました。しかしナデラ氏の戦略的な焦点は、ライバルやテクノロジー業界を含めた社会全体に対して、どうやってマイクロソフトが貢献していくのかにあります。そして、人々に力を与える存在になるために、AppleやAmazon.comといったライバルとの積極的なパートナーシップ構築を重要な手段としました。

こうした大胆な施策により、マイクロソフトのビジネスモデルは大きく変わります。２０１７年頃から変革の成果が業績にも徐々に反映されるようになり、クラウド事業も急成長。最高益の更新へと繋がりました。

チームが取るべき戦略は一概には言えませんが、戦略策定において重要なポイントは次の三つです。これらの点を整理しながら、組織としてやるべきことと、やらないことを明確にしていきましょう。

①ビジョンに直結するものであること
何をしようとしているのか、どこに向かい、どのような未来を実現したいと考えているのかをクリアに描いた上で、その道筋としての戦略を考えます。

②組織の強みや固有の能力を生かすものであること
情熱を持って取り組める内容であること、世界一になれる内容であることなどを考えて、戦略を絞り込みます。そのためにまずは、組織の強みや弱み、リソースなど、内部環境の分析、把握をします。

③実現可能なものであること
次に、業界や市場のトレンド、技術のトレンド、競合分析、社会環境や法規制の動向など、外部環境を分析します。

その上で、ビジョン、内部環境、外部環境の分析結果などを踏まえて、実現性の高い戦略方針（勝ち筋の仮説）を決めます。

「仮説思考」でアクションを繰り返す

ビーイングやビジョンは、頭の中で考えるものです。それに共感して熱量が生まれても、アクションが伴わなければ、どんどん冷めてしまいます。すぐにできそうなことからアクションを取っていきましょう。

ただ、考えなしではどうしようもありません。

アインシュタインは「もし私に、地球を救うために60分の時間を与えられたとしたら、59分を問題の定義に使い、1分を解決策の策定に使うだろう」と言いました。本当の課題を突き詰める上では、まず全体の構造を理解することが必要です。

往々にして、課題を表層的に捉えて、「こういうことをやったほうがいい」と打ち手をすぐに考えてしまいがちです。奥にある真因を捉えられてないため、実際に取り組んでも結果は出ないというケースは、非常に多い。

ただし、どれだけ考えてもそれが正解かどうかはわかりません。**いったん仮説を立**

てアクションを起こし、その結果を検証しながら、アクションの質を高めていくことが大事です。

リソースが分散しないために、全体像をつかんで仮説を立てて検証する。私が商社からコンサルティングファームに移ったとき、いちばんの違いを感じたのはその視点でした。

例えば、新商品開発のためのリサーチをするとします。商社では関連するマーケットや消費者、競合、法規制などの情報を片っ端から収集することに時間を使っていたのですが、情報が集まれば集まるほど、「それで、ここからどうすればいいんだっけ？」と思考がストップし、行動に繋げられないことがありました。

コンサルティングファームでのアプローチでも全体像をつかむリサーチをしますが、ここにあまり時間をかけません。短期間で浴びるように関連情報を読み漁ったり、業界エキスパートへのインタビューをしたりなど、クイック＆ダーティーに進めます。

そうして新規事業を成功させる上での「問い（イシュー・論点）」の絞り込みと「答え（仮説）づくり」を行った上で、仮説検証に取り組みます。

消費者にインタビューするといった検証アプローチであれば、自身のビジネスの仮説を検証する上で必要な、ターゲットへの「問い」を書き出します。そこから「このターゲットはこう答えるはずだ」と仮の答えを書く。そうして実際に聞いてみると、想定とのギャップが見えてきます。そこから仮説を進化させていくことで、確度が高まります。

仮説がなければ、アクションに対して「結局、何をしたかったんだっけ?」となりかねません。特に社会の変化が激しい現代では、しっかりと調査してからアクションを起こすのではなく、構造を捉えて仮説検証することが大事になっています。

短期・長期の目標を立てる

戦略と同時に、「目標」を決めます。例えば、「5年後にサービス利用者を10倍にするためには、3カ月後までに何をしなければいけないか」というように、**長期の道筋を描きながら短期で区切っていきます。**

アメフト部で私たちが4年生のとき、チームの目標について長い議論がありました。

アメフトとは準備のスポーツです。1年かけて対戦校を徹底的に分析し、勝つために準備をします。大一番の試合では5000プレー（プレーの種類と、相手の守備のパターンの掛け算）程度を想定し、メンバーそれぞれがプレーを頭に入れておきます。そうして試合の日にフィールドで状況判断して、瞬時に勝てる法則を実行します。

このように、事前準備がものを言うスポーツなので、照準をどこに定めるのかによって準備の内容が変わってきます。「大学日本一になる」ことをビジョンとしたとき、「ライバルA校との決戦に勝つ」というように最終目標だけを見ていれば、その途中で別のチームに負けてしまうかもしれません。決勝戦への過程を描き、チームとして、いつまでに、どのような状態にまで持っていくのかを明確にすることが求められます。

目標を決めることには、**チームの勢いをつくる上で必要な、小さな成功体験をつくり出す**という目的もあります。

いきなり「エベレストに登ろう」と言っても、初心者にとっては夢物語に思えてしまいます。「3年後にエベレストに登るために、来月は高尾山を2時間以内に登ることを目標にしよう」とスモールステップを設定する。そうして達成できたときには「すごいじゃないか」「やったね」と喜び合います。「じゃあ、次は富士山だ」「登れた、やったね」と繰り返しながら、チームに勢いを付けていきます。一つひとつの目標を達成したときには、心から喜ぶようにしましょう。

目標達成したときの感情を考える

KPIやKGIと呼ばれるように、戦略通りに進んでいるかどうかを数値として把握できる基準も重要です。定量化や具体的な行動に落とし込むことのできない目標は、進捗を追うことができません。

ただし、数字に追われて楽しくなってしまえば意味はありません。パーパスやビジョン同様に、**目標も楽しさやワクワクを重視する**ことが大切です。

その目標の達成は、自分たちのパーパスやビジョンの実現とどう関係しているのだろう、どのような意味を持つのだろうと意味付けします。また、その目標を達成することで得られるポジティブな感情をイメージします。

どんなことでも、「なかなか前に進まないな」と感じるときがあります。そんなときには、改めてその目標に取り組む意味を考え、達成することで得られる感情を想像してみます。目標の達成をイメージし続けることで、熱量を失わずにいることができます。

悪い例として、過去にこんな経験があります。

商社での新人時代、あまり接点のない上司から、「お前ら、毎年〇〇商事に負けて悔しくないのか。今年こそはあいつらに勝て」といったメールが届きました。正直、何も響きません。別に悔しくないし、勝つことはその上司の点数稼ぎのためだともわかっています。そんなことに自分の貴重な人生を割きたくありません。

一方で、同じ目標だとしても、感情報酬に着目した伝え方であれば、受け取り方は違うはずです。

「変化の激しい時代において、私たちが現在直面している地球環境問題など地球規模の課題は、商社という、売るモノを持たない柔軟な事業体で、世界的なネットワークを持つわれわれだからこそ解決できるものでもある。

われわれの新たな挑戦が、世界中の未来をつくることに繋がっていることを忘れないでほしい。当社には優秀なメンバーがいて、素晴らしいカルチャーもあるのに、それがもし発揮されてないのであれば悔しい。○○商事に勝っているかどうかは、われわれが正しい努力をして、世界中の未来に繋がる価値を創造できているかを測る指標でもある。今年は一つの基準として、○○商事に勝つことを目標にしよう」

こう聞けば、目標達成したときの感情も想像できます。目標に楽しさを持たせるということは、数字に追われる中で忘れがちな視点です。常に意識するようにしましょう。

船上で果たすべき役割

それぞれが自分の役割にコミットする

リーダーの重要な仕事の一つとして、メンバーに適切な「役割」を与えるということがあります。個人それぞれに役割があり、そこでベストを尽くすことが、チームのビジョン達成に繋がる。これが本来の姿です。与えられた役割について100%以上コミットしているからこそ、それぞれに強い要求をし合うこともできます。

アメフトは役割分担がとてもはっきりしていることから、会社組織に最も近いスポーツだといわれます。ボールを蹴る人、走る人、投げる人、ディフェンスをする人、というように明確に役割が決められています。

私が所属していたチームでは、ポジション以外でも役割が決まっていました。例えば、新入生の教育係、相手チームの分析をする人、選手のトレーニングメニューを考える人。それぞれの役割でのコミットメントが求められます。

みんな自分の役割を担っているから、試合に出る人も出ない人も、学年が上でも下でも上下関係はありません。Aチームのエースが練習中に気を抜いてボールを落とせば、マネジャーでも走って行って、「本当にそれで○○校に勝てんのか！」と指摘します。それぞれ与えられた役割にベストを尽くしていて、お互いに役割を認識し合っている。その積み上げがチーム全体の結果に繋がります。

チームで思うような成果を上げられない要因は、それぞれが求められる役割を果たせていないか、チームに必要な役割を担う人がいないかのいずれかであることが多い。ここでは、チームの役割の考え方を見ていきましょう。

チームに必要な役割を再定義する

チームでビジョンや戦略にもとづいて目標を設定した後に、メンバーそれぞれが感じる、目標を達成する上での課題を書き出します。

次に、それらをカテゴリー別にグルーピングします。例えば、部門間の連携不足の原因となる「コミュニケーションの問題」、やるべきことが明確になっていないという「戦略の問題」、若手が育っていないという「人材育成の問題」など、共通する分類でまとめていきます。

そこから、それぞれの課題の背景にある本質的な原因を考えます。

例えば、同じチーム内でA商品とB商品という二つの商品を、それぞれ別の担当者が販売していたとします。今までは、各担当者がマーケティング、セールス、アフターサポートまで、全てを担当していました。課題として、競合と比べると、A商品、B商品ともにオンラインでの販売比率が低いことがわかってきました。

ここからもう一歩掘り下げてみると、A商品の販売比率が低いことは担当者Xさんにデジタルマーケティングの知見がないことが問題だとわかりました。一方、B商品を担当するYさんにはデジタルマーケティングの知見はあるけれど、既存顧客の対応に追われてデジタルに十分な時間をかけられていないことが問題だとわかりました。

真因が特定できたら、それを解決する打ち手を考え、必要アクションを整理します。また、そのアクションを、誰が担うのかを話し合って決めます。

この例では、商品横断でデジタルマーケティングに取り組む役割を新たに設置する必要性が見えてきます。XさんとYさんが業務分担を見直して対応する方法もあれば、もう1名セールス担当を採用してYさんが役割を担うというやり方もあります。

必要な役割を担える人がいないのであれば、外から獲得することも考えます。人を採用する場面では、職種だけではなくどんな役割を担うことを求めるのかを明文化することも必要です。

必要な役割が埋まることで、チームは一気に加速します。現状から考えるのではなく、ビジョン達成にはどんな役割が必要なのかを洗い出していきましょう。


また、**機能的な役割のほかにも大切な役割があります**。例えば、チームに安全な雰囲気を与えてくれる役割、楽しい話で場を盛り上げてくれる役割。日が当たってはいないけれど、縁の下の力持ちとして大事な役割を担う人がいます。

ある経営者に、「組織の中での役割は、映画の配役みたいなものだ」と聞いたことがあります。映画では主役を演じる人がいれば、脇役の人もいます。注目を浴びる主演はプレッシャーも大きくて大変ですから、そのぶん報酬は高いかもしれません。では、主演以外の人が必要ないのかといえば、そんなことはありません。脇役やエキストラがいるからこそ、全体が成り立ちます。

役割・責任・報酬はセット

役割は、「責任」と同時に存在します。フォワードであれば点を取るという責任がありますし、キーパーであればゴールを守る責任があります。役割として動くだけではなく、成果が求められます。誰がどんな役割を担い、どんな責任を負っているのかという部分でも、お互いの共通認識が必要です。

特にプロジェクトチームなど、**新規で集まる場合はお互いの役割を認識していても、責任が決まっていないことが多い**。そうしてふわっと始まり、人によって温度感やコミットメントレベルが変わってきてしまいます。特に、兼務や取り組みに強制力のない仕事では、主担当の業務が忙しくなると下火になりがちです。

例えば「他部門とのコミュニケーション担当」という役割をつくるのであれば、その責任を決めます。社内のほかのメンバーの応援を取り付ける、必要な情報を集めてくる。役割と責任を同時に決めて初めて、効果のある行動に繋がります。

「責任」という言葉を使うと、少し重たい印象や「やらされている」といった感覚を持つかもしれません。しかし、今までとは違う重りを持つことによって、新たな景色が見えます。それが自分の成長にも繋がり、より大きく貢献できるようになります。

また、役割と責任があるということは、それを果たしたときには当然「報酬」を得ることができなければいけません。つまり、個人の役割が評価の基準に含まれる必要があります。特に、前述したような成果の見えづらい役割は評価の対象にならないことが多い。そうした役割にスポットライトを当てて、しっかりと報酬を得ることができるようにします。

それは金銭面だけではなく、感情報酬も必要です。感謝を伝える場を設けて、しっかりと行動に報いましょう。それによって「このチームにはこの役割が必要なのだ」とみんなが認識し、お互いを尊重し合えるようになります。

いくら頑張っても評価に繋がらなければ、表面上の行動にしかなりません。役割と同時に評価も見直し、メンバーの働きに応えられるようにしましょう。

自分の役割を自分で決めさせる

最終的に、チームで決めた役割を引き受けると決めるのは本人ですが、それぞれが勝手に判断してもまとまりません。本人が引き受けると決心できるように、その**役割の意義と、役割を担う経験を通して得られる価値を伝えていく**ことが大事です。

例えば、みんなが生活する船の中には、掃除役が必要です。そのとき「君は掃除役だ、よろしく」と頼むのか、それとも掃除役という役割を尊重して伝えるのかで、捉え方や行動はまったく異なります。

「これから過酷な航海を乗り超えるためには、みんなの規律ある行動が大事なんだ。そして規律ある行動をするためには、習慣が必要だ。掃除という習慣をおろそかにしてしまえば、船はあっという間に汚くなる。掃除役という役割を通して習慣化の必要性をみんなに伝えてほしい」

その人の与えられた役割が、ビジョン達成において重要だということをしっかりと伝えましょう。気付けば楽しくて夢中でやっている。結果も出て、評価もしてもらっている。**役割と責任と報酬が繋がることで、より自分事化していきます。**

メンバーが自律的に働くための仕組み

責任範囲と権限の明確化

ここでは、チームの「仕組み」について考えます。チームの中には誰がどこまでの部分について意思決定をするか、どのように日々の情報共有を行うかといった、さまざまな仕組みがあります。この部分をしっかり整えていなければ、日常業務のレベルでも摩擦が生じます。

熱狂のエネルギーを成果に変えるため、特に定義が必要な部分について説明していきます。

まず、新たに立ち上がったチームやプロジェクトであれば、次の五つの点を明確にしておきましょう。関係者へ共有しておくことで、連携がスムーズになります。

①目的（Responsibility）

どのような目的で、その活動を行うのか。

②活動の対象領域（Domain）

その活動の範囲は何か。ほかのチームとの活動領域の住み分けの整理は。

③活動概要

具体的に、どのような活動に取り組む予定か。

④目標（成功の定義）

何を目標として取り組むのか。プロジェクトの成功をどう定義するのか。

⑤ＫＰＩ（目標に近づいているかどうかを測る指標）

目標達成への進捗を、どのような指標で測るのか。

これを踏まえ、チームの意思決定や責任の範囲を決めておくことが重要です。誰が、何を、どこまで意思決定できるのかが明確でなければ、常に上に意見を求めることになり、自律的な働き方を実現することができません。

各メンバーとしても、自分で意思決定して良い範囲はどこまでか（採用、投資、対外発信など）、事前にラインを確認しておくことが重要です。

定義した各要素を見直す仕組み

これまで定義してきたディスカッションのルール、パーパス、ビジョン、バリューズ、戦略と目標、役割は、一度決めたら終わりではなく、定期的に機能しているかチェックする場を設けることが大切です。

特に、パーパスやビジョン、バリューズなどは、みんなで議論して言語化したときには盛り上がっても、**日々の業務に追われて意識を持ち続けることが難しくなりがち**です。

そうすればチームの熱量も下がってしまいます。月に1回、3カ月に1回など、定期的にチームで見直す時間を取りましょう。うまくやれていること、やれていないこと、合意した内容の中で見直すべきこと、日々のアクションとして見直すべきことなど、話し合いながら軌道修正していきます。

メンバー間での認識がズレる理由

「誰もが正しい。ただし、全体からすると、一部だけ正しい」

これは、「システムコーチング」と呼ばれる、人と人との関係性に働き掛けるコーチングの中でよく使われる言葉です。

例えば、経営者、部長、チームリーダー、担当者など、それぞれ求められる役割によって、同じ組織にいても見えている世界は異なります。常に外の人と関わり、会社全体、未来の視点で組織を捉える経営者にとっては、社内のメンバーの新たな取り組みに対する消極的な姿勢に物足りなさを感じてしまう。一方、社員からすれば、日々の現場の実務への責任がある中で、経営者の二転三転する話に振り回されることに辟易《へきえき》している。

これは、未来と現在、全社とチームという視点の違いであって、どちらが間違いというものではありません。**見えているものが違うから大切だと考えることに違いが生まれ、必要な行動にズレが発生します。**

一般的に、認識のズレは三つの側面から生じます。

①見ているもののズレ

前述のように、人それぞれに見えているものが違います。社内の関係性に気を取られている人もいれば、顧客のクレームや売り上げに目が行く人もいます。見ているものが異なれば、考え方や行動にズレが生じます。チームとしてのまとまりをつくることはできません。

②優先度のズレ

自分が見ているものの中で、今自分が何を優先すべきかには、それぞれの過去の経験や信念が影響します。同じ情報を得ても、何を優先して取り組むのかという「優先度」の考えに差が生まれることはあります。

例えば、同じ顧客対応をしている人でも、顧客の満足度を重視するために一人ひとりに丁寧に向き合うのか、生産性向上のためにできるだけ時間を短くするのか。チームとしての優先度が決まっていなければ、チームと個人との間で重要アクションに関する認識にズレが生じます。

③解釈のズレ

同じものを見て、優先度を理解しても、その事象の解釈の仕方が変われば、行動のズレが生まれます。

例えば、昨対比140%の売り上げを目指すという目標があったとします。ある人は短期的な売上最大化が自分の役割と捉えて、顧客のためにはならない商品でも無理やり販売します。別の人は、「信頼や誠実」のある行動が中長期的な会社の利益になると信じて、顧客のためにならない商品は販売しません。

この2人のどちらを評価するかは、チームや会社で望ましい行動をどう定義するかによります。その定義が明確でないことが、解釈のズレを生みます。

認識のズレを防ぐ情報共有の仕組み

以前、鹿児島県の屋久島に行ったとき、現地のガイドに聞いた話です。屋久島は平地が少なく、雨水が川を伝って直接海に流れ込みます。その途中で水の流れが淀んでいるところがあると、周りへの栄養を止めて草木が枯れ始めます。しかし水の流れを止める石や木を取り除くだけで、流れが循環し、その場の草木が繁栄し始めるそうです。

これはチームにおいても同じことです。**チームの中で情報が淀んでいる場所を見つけ、全体の健全な流れをつくることで、認識のズレが解消**されていきます。

2000年代前半、アメリカを標的とする数々のテロを実行したアルカイダと、アメリカ軍の戦いが行われていました。当初劣勢を強いられていたアメリカ軍が勝利を収めたことには、情報共有の仕組みを変えたことが大きかったと言われています。

従来、アメリカ軍はヒエラルキーを重視していて、スピードに欠ける組織でした。現場が動くためには全て上の許可が必要で、目の前で判断して行動することがあまりできていませんでした。

一方で、アルカイダは変化が激しくスピーディーな組織でした。アメリカ軍が現場の情報を上に伝えている間に、現場の環境が変わります。アメリカ軍がアルカイダと戦うためには、スピード感と柔軟性に長けた組織につくり変えていく必要がありました。

そこでアメリカ軍は、情報共有の仕組みを変えることから始めます。まず、組織全体の目標を共有するために、7500人が参加する90分のビデオ会議を毎日実施しました。

それまで、上層部の指示をミドルマネジャーが聞いて、それをさらに下の兵士に伝えていました。情報は人を介することで歪んで伝えられることが多いものです。「なぜそんな指示なのか」「現場のことを考えているのか」といったフラストレーションはどうしても生まれてしまいます。

そこから一気に全員に直接情報が届くようになったことで、現場は「上が言いたいのはそういうことだったのか」と理解します。これは、全ての行動を上が決めていたところから、各自の判断に任せる部分を増やすためでもあります。目的や現在の状況への共通理解があれば、チームは自ずとやるべきことを判断できるだろう。誰かがおかしな行動をしてもほかの誰かが止めるはずだ。そうした狙い通り、自己修正型のメカニズムが機能し始めました。

チーム全体で何が起きているのか、今後どんなことが起こるのかという全体像が見えなければ、みんな不安になり、信頼されていないという気持ちも生まれます。

今はZoomなどのツールもあります。全体会議に参加できなかった社員には、会議を録画して共有するなど、タイムリーに必要情報を共有できるように心掛けましょう。透明性を持った情報がタイムリーに共有される仕組みを考えましょう。

拡大していく熱狂

規模が大きくなったときに起こる問題

本書では、小規模なチームを想定して「熱狂するチーム」のつくり方を考えてきました。そこで成果が上がれば、必然的にチームは大きくなっていくでしょう。また、チームだけではなく会社全体を考えなければいけない場合も多いと思います。本書の最後に、より規模が大きくなった場合について考えます。

あらゆる事業活動のなかで正しい人材をバスに乗せること以上に重要なものはない。(中略)

正しい事業アイデアより、正しい人材のほうがはるかに重要だ。(中略)

バスの主要な座席に不適切な人材が座っていると、どんな会社でも衰退の悪循環に陥るリスクがある。どれほど偉大な企業でも、それは変わらない。

『ビジョナリー・カンパニーZERO』

数名程度のチームであれば全員の顔が見えているので、それぞれの価値観や、ビジョン達成に向けた役割、行動を把握できます。しかしそれ以上に規模が大きくなると、リーダー1人ではメンバー全員を見切れなくなります。

そこでリーダーとメンバーの間にマネジャーを置くことになります。外部から呼び込むこともあれば、すでにいる人から抜擢することもありますが、この人が大きなポイントとなります。

外から入る場合、チームのビジョンやパーパスといった価値観の部分を共有できるかという問題があります。内部からの場合、プレイヤーとしては優秀でも、人をまとめてリードするということにはまた別のスキルが必要です。

マネジャーのスキルが不十分な場合、そのポジションがブラックボックス化してしまいます。メンバーからすれば、マネジャーの行動に不信感が募る。リーダーからすれば、メンバーに自分のメッセージがしっかり伝わらなくなる。そうしてチームは機能不全になっていきます。

さらに人数が増えていくと、「部門の壁」が厚くなり、社会環境の変化に対して社内の変化が追い付かなくなります。会社の中でどうやるかとしか考えられず、会社の外を見ようとしなくなります。競合を的確に把握できず、自分たちの強みを過剰評価して、新しい価値を生まなくなるということもあります。

スキルより理念への共感が必要

チームが成長していくどの段階でも、メンバーが自律的に働いて、チームが効果的に機能するために必要な要素は変わりません。本章で決めた、「パーパス」「ビジョン」「バリューズ」「戦略と目標」「役割」「仕組み」です。

この中で、戦略・目標と役割は、常に見直していくことが必要になります。目的地を目指して航路を描いても、航海している間に嵐が来るかもしれないし、船に穴が開くかもしれません。想定外の出来事には柔軟な対応が必要です。

一方で、パーパス、ビジョン、バリューズはぶれてはいけません。多くの経営者が頭を悩ませる組織の崩壊は、価値観やマインドセットのズレた人を、マネジメントポジションに置いた悪影響から始まります。

チームが大きくなってくると、業務の量や種類が増えてきます。そこで新しく人を入れることになりますが、そこで**「この業務を担える人」というように、人を機能として考え、能力だけを評価して採用してしまうと、ズレが生じやすくなります。**

足りないスキルを埋めようという基準だけで人を入れると、スキルを持っているけれどチームの価値観に合わない人が入ってしまう可能性があります。また、その人自身も、会社は自分を機能としてしか見ていないと感じると、自分をより高く評価してくれる会社への転職を意識するようになります。特にそうした人がマネジャーになれば、上下の信頼関係や協力関係が薄れてしまいます。

中国の古典では「能力があっても人格がない人には、お金で報いても役職では報いるな」といわれます。新しく加わる人が、チームで定義したパーパスやビジョン、バリューズに共感できるかどうかはチームが成長する上でとても大事なポイントです。

私が働いていた商社とコンサルティングファームでも、同様の採用基準がありました。仕事に耐え得る能力やポテンシャルなど、いろいろと採用の基準はあるけれど、最後は「この人と一緒に働きたいかどうか」「無人島に2人で行きたい相手かどうか」で判断するそうです。

人の見極めは、定量的な項目で合否を決める学校の試験とは異なります。能力を多角形で評価して、全体の何割が埋まればOKといったことではありません。**この人と一緒にいたいと思う相手と働くことが、双方のパフォーマンスを高めます。**

大切なのは、その判断をエース級の人が行うことです。人は自分と似ている人を高く評価する傾向にあります。優秀で魅力的な人を採用したければ、会社ですでに活躍している人の直感が最も頼りになります。

助け合いがチームを強くする

私が働いていたコンサルティングファームは外資系企業で、入社する前は殺伐とした雰囲気なのかもしれないという不安がありました。結果を出さなければすぐに切られたり、結果を出すためにお互いを蹴落としたりということもあるかもしれない。しかし、入ってみればそんな様子は一切なく、むしろ支え合う精神がとても強い組織でした。

当時、忙しい時期には朝まで働くということもありました。ある日、午前3時くらいに仕事を終えた様子のほかのメンバーが、「手伝えることある?」と声を掛けてくれました。

みんなそれぞれ忙しい中で、普通であればそのまま帰るだろうと思います。会社のルールとしてということではなく、みんなが自然にやっていることでした。

そのほか、社内のナレッジシェアにも全社員が協力的でした。社内のシステムでは、クライアント名は伏せた上で、過去のプロジェクトの情報が閲覧できるようになっています。

プロジェクトについてより詳しく知りたい場合には、そのプロジェクトに関わっていた人にヒアリングをします。忙しい中でも誰一人として嫌な顔をせずに、丁寧に情報を共有してくれました。

また、週に何回も自主的な勉強会が開催されます。

「キントレ」と呼ばれ、毎週金曜日には業務が終わった後に、コンサルティングのスキル向上のための勉強会がありました。その講師は、第一線で活躍している方々です。社内で最も忙しいはずなのに、入念に準備された非常にクオリティの高い内容でした。

このように、自分が得た知見を周りに共有することが、会社の文化として強く根付いていていました。そうした環境で育った人は、会社への帰属意識も高まりますし、当然のように、自分が得た知見を周囲に喜んで共有し、周りの人を助けるようになります。

文化とは、その会社やチーム内で行なわれている行動の積み上げです。どのような行動がその組織内で称賛されているかで、その会社の文化が決まります。

熱狂は、メンバーが意義を感じられる共通目的、自己重要感、質の高い関係性、自律性から生まれます。チームの熱狂が高まると、メンバーにチームへの帰属意識が高まります。メンバー間で称賛し合ったり助け合ったりすることがチームの文化となり、その文化がチームのアイデンティティとなります。それが組織の信頼のベースとなり、さらに好循環を生んでいきます。

一度構築された文化は、人が変わっても簡単に崩れるものではありません。良い文化がある組織だからこそ人が集まり、結果が出るのです。

おわりに

Life is a Party

人生とは、長い歴史の中に続く、大きな楽しいパーティーの一部に参加するようなもの。あなたはそのパーティーに遅れてやってきて、最後までいることはできない。だからこそ、限られた時間を最大限に楽しみなさい。

楽しむためには、すでにパーティーに参加している人に、いろいろ話を聞いたほうがいい。

「今までどうだったの?」「何が楽しかったの?」と聞いてみなさい。

これは、カナダに留学したとき、ある富豪から聞いた話です。

ここからは私の解釈ですが、パーティーの招待状には、もともと自分の役割が書いてあるのかもしれません。でも、多くの場合、その部分がちぎれてしまっている。だから、まずはその紙片を探すところから始めましょう。

パーティー参加の目的は、楽しむことです。一度切りの人生、「自分ではない何者か」になろうとするのではなく、「ありたい自分」で今を全力で楽しみ、自分らしく輝いて生きる。

役割といっても、何かを〝やる〟ことだけではありません。そこに〝いる〟ことにも大きな価値があります。

どれだけ素晴らしい演奏が披露され、高級な料理があっても、人がいなければ楽しいパーティーにはなりません。誰かのそばにいて、話を聴き、喜び合い、苦しみを分け合う。ただそこにいることも、大きな価値なのです。

そしてパーティーを去るときには、後から来る人たちにも楽しい時間を過ごしてもらえるように、自分が得たものを共有しましょう。自分が来たときよりも、より楽しい場に変えて去る。そうすれば、良い人生だったと思えるのだと思います。

熱狂は、「強さ」ではなく「弱さ」から生まれます。「弱さ」とは「強さ」の対極にあるものでも、克服すべきものでもありません。自分の「強み」に気付かせてくれ、周りに貢献することで得られる充実感や助け合う喜びを生み出す、大切な「ギフト」です。

幼少期、私はよくいじめられ、泣いて帰っていました。体も弱く、喘息で病院通いの日々を送っていました。そんな弱い自分だからこそ、周りの人の優しさ、温かさを人一倍感じて育ちました。また、スポーツに熱中することで、できないことができるようになる喜びを知りました。

Give Kids The World の仕事に熱中したのも、毎日を病院で過ごす子供たちと自分の幼少期の記憶が重なったことが理由でした。そしてここでの経験が、「人が輝く組織を創り出す」という自分の役割を見つけるきっかけを与えてくれました。

パーティーに遅れて来て、「何しようかな？」「どこで楽しもうかな？」と、ただ立っているのではなく、ど真ん中に飛び込んで踊ってみましょう。

「あいつ、バカじゃないのか」と笑われるかもしれないけれど、楽しんで生きている人のほうがいい。その姿を見て、後からパーティーに参加した人も「盛り上がってるね、楽しそう！」と感じるでしょう。

ただ、自分にとって楽しいことが何か、わからなくなることもあります。瞬間的な楽しさは長続きしません。どんな人生が本当に楽しいものなのかは、それぞれに定義

Conclusion

する必要があります。

本書で最も伝えたかったのは、「自分の人生で本当に大事なものは？」「人生における成功って何？」という問いの答えを考えることの大切さです。これらに答えられない限りは、誰かがつくった人生の成功をなぞろうとして、何者かになろうとして、いつまで経っても満たされない時間を過ごしてしまいます。

自分にとっての幸せを見つけ、そこに向かうことにワクワクを感じ、気付けば踊り出している。熱狂の輪がチームに広がり、毎日の仕事が楽しく充実したものになり、その結果チームとしての生産性が上がる。本書がその一助になれば幸いです。お読みいただき、ありがとうございました。

最後に、執筆に当たってご協力をいただいたみなさんへの感謝の気持ちを述べさせてください。

まずは、本書の企画から編集まで、全てを支えてくださった編集者の久保木勇耶さん。熱狂して書き上げることを条件に企画を通していただきましたが、久保木さんが担当でなければ、これほど熱狂することはできませんでした。手取り足取り、全力でご支援いただき、本当にありがとうございました。

本を生み出すきっかけをくださった瀬田崇仁さん。瀬田さんの紹介や、その後の励ましがあったからこそ、この本が生まれました。ありがとうございます。

私の情熱の火種を見つけるきっかけをくださった、小林正弥さん。正弥さんに内面を引き出し、背中を押していただいたからこそ、自信を持って信じる道を歩むことができました。本当にありがとうございます。

これまで、一緒に熱狂の体験をさせていただいたKG FIGHTERS、三井物産、ボストンコンサルティンググループ、TABILABOの方々。また、自然電力、その他クライアントの方々。自分の持つギフトに気付かせていただいいた恩を還元したい気持ちで、この本を書きました。私を信じて、さまざまな機会を与え、育ててくださり、本当にありがとうございます。

お父さん、お母さん、お姉ちゃん。私の可能性を信じ、たくさんの愛情と成長の機会を惜しみなく与えてくれるみんなのもとに生まれたことが、人生最大の幸運です。

Conclusion

いつもありがとう。

妻知子、息子の晃生と哲矢。仕事や執筆に忙しい日々を送っていた中で、支え続けてくれてありがとう。みんなの笑顔が、私の生きる原動力です。これからも家族仲良く、笑い合って、楽しい時間を過ごしていこうね。

ここでは書き切れなかった、人生の中で出会ってくれた多くの方々。今の自分がいるのは、みなさん一人ひとりと出会えたお陰です。ありがとうございます。これからも引き続きよろしくお願いします。

2022年12月

岸昌史

参考文献

・『ダイアローグ 対立から共生へ、議論から対話へ』（デビット・ボーム著／金井真弓訳／英治出版）
・『７つの習慣』（スティーブン・Ｒ・コヴィー著／ジェームス・スキナー、川西茂訳／キングベアー出版）
・『Think clearly 最新の学術研究から導いた、よりよい人生を送るための思考法』（ロルフ・ドベリ著／安原実津訳／サンマーク出版）
・『自分に自信を持つ方法』（ブレンドン・バーチャード著／松丸さとみ、夏井幸子、小巻靖子訳／フォレスト出版）
・『リーダーシップ構造論 リーダーシップ発現のしくみと開発施策の体系』（波頭亮著／産能大出版部）
・『リーダーシップの旅 見えないものを見る』（野田智義、金井壽宏著／光文社新書）
・『ハーバードビジネスレビュー ＥＩシリーズ 人を動かす力』（ダイヤモンド社）
・『ＦＣバルセロナ　常勝の組織学』（ダミアン・ヒューズ著／高取芳彦訳／日経ＢＰ）
・『ＴＲＵＳＴ 世界最先端の企業はいかに〈信頼〉を攻略したか』（レイチェル・ボッツマン著／関美和訳／日経ＢＰ社）
・『TRUST FACTOR 最強の組織をつくる新しいマネジメント』（ポール・Ｊ・ザック著／白川部君江訳／キノブックス）
・『ビジョナリー・カンパニーＺＥＲＯ』（ジム・コリンズ、ビル・ラジアー著／土方奈美訳／日経ＢＰ）
・『社員の力で最高のチームをつくる〈新版〉１分間エンパワーメント』（ケン・ブランチャード、ジョン・Ｐ・カルロス、アラン・ランドルフ著／星野佳路監訳、御立英史訳／ダイヤモンド社）
・『THE CULTURE CODE 最強チームをつくる方法』（ダニエル・コイル著／楠木建監訳、桜田直美訳／かんき出版）
・『人を動かす 新装版 単行本』（デール・カーネギー著／山口博訳／創元社）
・『潜在能力を最高に引き出す法 ビッグ・ポテンシャル 人を成功させ、自分の利益も最大にする５つの種』（ショーン・エイカー著／高橋由紀子訳／徳間書店）

“熱狂”して生きることを
決めたあなたへ

3つの読者特典

本書をお読みいただいた方限定で、
こちらの特典をプレゼントします。

①熱狂を生みだすための **「ぶれない軸」** 明確化講座 (動画)

②自分の心に火を付ける **「熱狂の火種」構築シート**（77 の質問）

③熱量をさらに高める **Facebook コミュニティ**への参加権

下記の URL、または QR コードから、特典を手に入れてください。

URL　https://form.os7.biz/f/bdc8da36/

※特典の配布は予告なく終了する場合がございます。

岸 昌史 公式サイト
https://axiastrategicpartners.jp/

［著者略歴］
岸 昌史（きし・まさふみ）
兵庫県西宮市生まれ。関西学院大学商学部、北京大学Executive MBA、桑沢デザイン研究所戦略経営デザインコース卒。学生時代はアメリカンフットボール部に所属。高校・大学で日本代表や日本一を経験。大学４年生のときには、チームの年間MVPに選ばれる。
2005年三井物産へ入社し、人事や営業など五つの業務全てでトップパフォーマンスを示した後、インドネシアへ単身駐在。新会社4社の立ち上げをリード。
2016年ボストン コンサルティング グループに移り、国内外さまざまなクライアントの経営変革支援を行う。入社２年目に年間MVPを受賞。その後スタートアップのTABILABO（現：NEW STANDARD）へ転職し、事業統括責任者として経営全般に関与。
2019年「人の持つ可能性を爆発させ、未来の憧れとなる人や組織を生み出す」ことを目的に、経営コンサルティングとコーチングサービスを提供するAxia Strategic Partnersを起業。
過去には300名以上へのコーチング実施（コーチング歴15年）、1万人以上へワークショップ提供。コンサルティングサービス提供先のリピート率は100%。

熱狂《ねっきょう》のデザイン
楽《たの》しく結果《けっか》を出《だ》すチームのつくり方《かた》

2023年2月11日　初版発行

著　者　　岸 昌史

発行者　　小早川幸一郎

発　行　　株式会社クロスメディア・パブリッシング
〒151-0051 東京都渋谷区千駄ヶ谷4-20-3 東栄神宮外苑ビル
https://www.cm-publishing.co.jp
◎本の内容に関するお問い合わせ先：TEL（03）5413-3140／FAX（03）5413-3141

発　売　　株式会社インプレス
〒101-0051 東京都千代田区神田神保町一丁目105番地
◎乱丁本・落丁本などのお問い合わせ先：FAX（03）6837-5023
service@impress.co.jp
※古書店で購入されたものについてはお取り替えできません

印刷・製本　　中央精版印刷株式会社

　ISBN978-4-295-40792-8　C2034